행정도
과학이다

행정도 과학이다

초판 1쇄	2019년 04월 15일
2쇄	2019년 05월 03일

지은이	방진섭 외 14인
발행인	김재홍
디자인	지식공감
교정·교열	김진섭
마케팅	이연실

발행처	도서출판 지식공감
등록번호	제396-2012-000018호
주소	경기도 고양시 일산동구 견달산로225번길 112
전화	02-3141-2700
팩스	02-322-3089
홈페이지	www.bookdaum.com

가격	18,000원
ISBN	979-11-5622-438-9 03350

CIP제어번호	CIP2019010944
	이 도서의 국립중앙도서관 출판예정도서목록(CIP)은 서지정보유통지원시스템 홈페이지(http://seoji. nl.go.kr)와 국가자료공동목록시스템(http://www.nl.go.kr/kolisnet)에서 이용하실 수 있습니다.

세계 최고 혁신대학 KAIST가 제시하는 행정의 변화와 혁신

행정도 과학이다

총괄집필 방진섭

공동집필 남주현·심재율·윤준호·이창준·이동형·정성훈
송대광·박광영·박정기·김세림·황원·노경옥·주한용·백은정

글로벌 가치창출 선도대학
KAIST
행정의 변화와
혁신을 선도하라!

**자기 진화형
행정생태계**
환경에 적응하고
혁신을 도모하여
미래를 준비하라!

지식공감

방진섭

직원들을 괴롭히는 악덕 꼰대

행정부장으로 집필을 총괄하였다. 행정은 단순한 집행·관리가 아니라 다양한 정책을 다루는 고도의 전문영역이라는 인식을 확산하기 위해 노력하고 있다. 직원들이 대학에서 정당한 가치를 창출하기 위해서는 스스로 혁신하고 변화해야 한다는 생각을 가지고 '자기 진화형 행정생태계'라는 개념을 정립하였다. 행정이 전문가 집단으로 발전하고 인정받을 수 있도록 도전을 멈추지 않고, 휴먼·서비스 분야로도 영역을 확장하고자 한다. 저서로는 『대한민국에서 대학 행정가로 산다는 것』, 『데이터로 교육의 질 관리하기(공저)』가 있다.

따뜻함을 추구하는 인사행정가

남주현

런던정경대(LSE) 박사이다. 행정고시 출신으로 중앙인사위원회, 행정안전부 인사실, OECD 대한민국 정책센터를 거쳐 인사혁신처 부이사관으로 재직 중 KAIST에 잠시 몸담으면서 이 책의 집필에 참여하였다. 혼자보다 함께할 때 더 성장한다는 생각으로 따뜻한 인사혁신을 추구하며 현실행정과 학문 간의 가교역할을 하고 있다.

자기 멋에 취해서 사는 글쟁이   **심재율**

과학기자 출신의 언론인이다. 사람들을 만나 대화를 나눈 뒤 그 사람
이야기를 써 주는 것을 좋아한다. 이렇게 쓴 글을 보여주면, 많은 사람
은 "내가 이렇게 이야기했었나?"라고 놀라곤 한다. 끊어지지 않는 호기심
이 최대 장점이다. 새로운 발견이나 개발 소식을 들으면 아직도 가슴이 뛴다. 한글에
도 관심을 기울여 '반나절 만에 익히는 한글'을 혼자 탐구했다. 글자 없는 소수 부족에
게 한글로 글자를 만들어주는 일이 가장 중요한 버킷 리스트이다. 매주 한 권 과학책
을 읽는다.

윤준호   인사와 삶을 행복하게 그리고 싶은 인사팀장

인사는 만사다. 그래서 너무 어렵다. 인사팀장으로 인사제도 분과를
총괄하였다. 만 가지가 욕심대로라면 하늘에다 집도 짓는다는데! 그래
서 마음을 비우고 살아가려 한다.

누구나 예수나 부처가 될 수 있다고 생각하는
조금 덜떨어진 생명체   **이창준**

총무팀장으로 조직문화 분과를 총괄하였다. 이데아를 꿈꾸며 사랑과
정의가 균형 잡힌 조직문화를 만들어야 한다는 큰 욕심을 가지고 있으나
동작은 가장 느리고 미세하다. 퇴근길에 집과 술집 중 십중팔구는 술집을 선택해 이
데아와 조직문화에 대한 영감을 얻곤 하지만 아침이면 새로운 마음으로 재부팅되어
아무것도 기억하지 못한다. 오히려 십중일이 가는 집에서 현상계와 부딪히며 깨달은
이데아가 조직문화 선진화에 대한 고민의 밑거름이 되었다.

INTRODUCE

이동형

꽃보다 중년의 길목에서 '악덕 꼰대'를 만나다

기획처에서 약 20년을 근무하며 바쁜 와중에도 나름대로 살아남는 법을 터득했다. 분재, 낚시, 기타, 캠핑, 스키 등에 취미를 붙이며 근근하게 살아남은 것이다. 아마도 지금의 '워라밸'을 실현하려 별것을 다한 듯하다. 이렇게 그럭저럭 서서히 찬란한 중년의 길로 들어설 즈음에 귀인을 만나도 부족할 판에 '악덕 꼰대'를 만나, 꽃중년의 길이 다소, 아니 많이 주춤거리고 휘청거린다. 그래도 빼앗긴 들에 봄은 올 것이라 믿는다.

정성훈

새로운 사업이 있는 곳이면 어디든 달려가는 기획人

기획처 경영전략팀장으로서 업무환경 분과를 총괄하였다. 10년이 넘는 직장생활 중 대부분을 기획처 내 예산팀과 기획팀에서 보내다가 잠시 입학업무를 맡게 되어 즐거워하던 중 올 1월부터 다시 기획처 경영전략팀으로 끌려오게 되었다. 신규사업이 있는 곳은 어디든지 달려갈 마음의 준비가 되어 있으며, 케냐 과학기술원 건립사업을 위해 케냐 사람들과 함께 머리를 맞대고 고민하는 중이다.

송대광

일에서 의미와 재미를 찾는 14년 차 KAIST인

대학에서 근무한 지 14년 차로 그간 인사팀과 기획팀, 교무팀에서 일했으며, KAIST에서 좋은 사람들을 만날 수 있었던 것을 큰 행운으로 생각한다. 하루하루의 작은 실천이 삶에서 큰 변화를 가져온다는 사실을 알지만, 행동으로 옮긴다는 것이 쉽지 않다는 것을 종종 아쉬워한다. 사람과 일을 대하는 태도가 중요하다고 생각하며 사람과 사회에 좀 더 공헌할 수 있기를 바란다.

고민과 사색의 흔들리는 경계에서 마음의 평화를 꿈꾼다

박광영

리더십센터에서 인성·리더십 프로그램을 담당하고 있다. 학생들이 배운 것에 머무르지 않고 실천할 수 있도록 K-Let 실천 리더십, GLA 그룹 리더십, 가치 물음 캠페인 '무엇이 너를 움직이게 하니' 시리즈 등을 기획하였다. 무엇을 할 때 행복해지는지에 대해 관심을 가지고 대학생들의 리더십 성장을 돕고 있다.

박정기

만시간의 법칙을 믿는 노력파

타고난 재능은 부족하지만, 남들보다 많은 시간과 노력을 투입하면 못할 일은 없다고 믿는다. 맡은 업무에 관심을 가지고 최선을 다하는 것이 최고의 자기계발이라고 생각하는 투박한 노력파이다. 장기발전전략팀, 사업전략팀, 예산팀, 총장실 등을 거치면서 KAIST Vision 2025 등 기관의 장기발전전략을 수립하고 신규사업을 발굴하는 업무 등을 수행하였다. 인사팀에서 정규직 인사관리 업무를 수행하면서 구성원의 동기를 부여하면서 기관의 발전을 도모할 수 있는 방향으로 인사제도를 개선하고자 노력하고 있다.

현실과 이상의 균형을 추구하는 직장인

김세림

경영혁신팀, 대외부총장실, 생명화학공학과 행정팀을 거쳐 현재 총무팀에서 행사와 의전을 담당하고 있다. 흘러가는 대로 따라가며 직장생활을 하다 보니 어느새 행정 선진화에까지 발을 담그게 됐다. 함께 즐거운 직장이 되었으면 하는 단순한 바람 하나를 지니고 조직문화 분과에 참여하였다.

황원

연구실에서 사고 날까 조마조마하는 새가슴

업무환경 분과에 참여하였다. 안전팀에서 연구실 안전관리를 담당하고 있다. 업무환경 개선을 통해 창의성과 업무성과를 높이고 나아가 고객 감동을 실현하기 위한 미래 행정환경 변화에 관심을 가지고 있다.

즐거움 삶을 꿈꾸며 행복해하는 직원

노경옥

모든 일을 다 경험해 볼 필요는 없다고 생각하지만 새로운 일에 본능적으로 끌리는 DNA의 소유자이다. 귀신에 홀린 듯 행정 선진화에 참여하게 되면서 인사제도를 공부하게 되었고 이제 막 하나씩 알아 가고 있는 인사 분야 범인(凡人)이다.

주한용

수준 높은 연구환경 구축을 위한 다방면 기술행정 서포터

조직문화 분과에 참여하였다. QS 세계대학 평가 10위권에 근접해 있는 신소재공학과에서 기술행정업무를 지원하고 있다. 높아지는 KAIST의 위상과 다양해지는 구성원들의 요구에 맞춰 변화되는 직원들의 역량을 스스로 유쾌하게 진화시킬 수 있는 행정 문화 플랫폼을 정착하고자 노력하고 있다.

이제 뭘 좀 알(?) 것 같기도 하다

백은정

입사 5년 차가 되지만 여전히 신입이다. 얼떨결에 행정 선진화에 참여하게 되어 기여도는 적지만 여러 선배님으로부터 배우며 성장하고 있다. 입학처에서 외국인 대학원 업무를 맡고 있고 업무 특성상 국제화에 관심이 많다. 해외 대학의 국제화 사례를 직·간접적으로 경험하며 이를 KAIST에 어떻게 도입하면 좋을지에 대해 고민을 많이 하는 편이다.

KAIST의 새로운 도전

KAIST는 1971년 우리나라 산업화 태동기에 국내 최초의 연구중심 대학원으로 출범해 대한민국 산업화의 성공과 정보화 혁신에 중추적인 역할을 담당했습니다. 또한 전인미답(前人未踏)의 길을 걸으며 선도성과 수월성과 차별성을 인정받는 세계적인 대학(World-Class University)으로 발돋움했습니다.

반세기 만에 KAIST가 일구어낸 혁신적 성과들을 국내외에서 기적이라 표현하며 찬사를 보내고 있습니다. 하지만 달리는 말은 말굽을 멈추지 않습니다. KAIST는 '마부정제(馬不停蹄)'의 정신으로 '글로벌 가치창출 선도대학(Global Value-Creative Leading University)'의 '비전2031'을 수립하고 혁신의 고삐를 당기며 새로운 꿈을 향해 힘찬 도전을 시작했습니다.

설립 60주년을 맞이하는 2031년, KAIST는 '글로벌 가치창출 선도대학'으로 발돋움하고자 교육·연구·기술사업화·국제화·미래전략 등 5대 혁신을 선도하고 있습니다. 학교 전 구성원은 세계적 수준의 새로운 학문적 가치, 기술적 가치, 경제적 가치 그리고 사회적 가치를 창출해 대한민국의 지적 브랜드를 세계에 널리 알리며 국격을 제고하고,

국민들이 KAIST를 통해 대한민국의 미래와 희망을 이야기하는 상상 이상의 아름다운 변화를 꿈꿉니다.

하지만 세계 선도대학의 규모, 예산, 역사 등을 고려했을 때 '비전 2031' 달성을 낙관할 수만은 없습니다. 교육·연구·행정의 3요소가 글로벌 경쟁력을 갖추며 시너지 효과를 내야 합니다. 이런 면에서, 직원 사회가 자발적으로 주도하고 있는 행정 선진화는 매우 의미 있습니다. 특히, 주인정신을 가지고 행정의 발전적 변화와 혁신을 주도하는 모습은 KAIST의 도전(Challenge)·창의(Creativity)·배려(Caring), 소위 'C3' 정신과 맞닿아있습니다.

행정은 전문성, 프로정신, 주인정신을 가지고 능동적 주체로서 기관의 변화와 혁신을 주도해야 합니다. KAIST는 『행정도 과학이다』를 통해 '자기 진화형 행정생태계'의 개념을 정립하고 구현함으로써 그 변화와 혁신 방향을 제시하며 KAIST '비전2031' 달성에 한 발 더 가까이 다가서는 동시에, 우리나라 대학행정을 선도할 새로운 선진문화를 만들어가고자 합니다.

KAIST의 새로운 도전을 지켜봐주시고, 많이 성원해주시길 바랍니다.

KAIST 총장 **신성철**

"대학행정도 당당한 경영"

KAIST 행정혁신을 위한 진솔한 이야기

KAIST는 1971년 우리나라 최초의 이공계 연구중심 대학원으로 개
교한 이후 국가와 국민의 아낌없는 성원 속에 선도성과 수월성을 추구
하며 창의적인 교육과 도전적인 연구환경 조성을 통해 세계적인 대학
으로 발돋움했습니다.

국제적으로도 톰슨로이터 선정 '세계 혁신대학 평가'에서 2016년과
2017년 연속 6위에 올랐을 뿐만 아니라 '2017 QS 개교 50년 미만 세
계 대학평가'에서 3위에 선정되는 등 우수한 평가를 받은 바 있습니다.

KAIST는 2017년 2월 제16대 신성철 총장 취임 이후 지난 48년간
거둔 성과를 기반으로 개교 60주년을 맞는 2031년까지 글로벌 가치
를 창출하는 세계 10위권 선도대학으로 도약하겠다는 'KAIST 비전
2031'을 수립하여 2018년 3월 20일에 선포식을 하였습니다.

이러한 'KAIST 비전 2031'의 수립에 발맞추어, 세계 10위권 선도대
학으로서 경쟁력과 신뢰를 갖춘 행정으로 거듭나고자 2018년 4월, 45
명의 직원이 자발적으로 참여하여 행정선진화추진위원회를 구성하였
습니다. 위원회는 4개 분과(인사제도, 역량강화, 업무환경, 조직문화)로 나누어

'글로벌 가치창출 선도대학'으로서의 위상과 역량을 지속적으로 유지·발전시키는 데 필요한 행정 선진화 추진계획을 수립·제시하였으며, 이 책은 그 일련의 과정을 기록한 것입니다.

세계적인 대학으로 발전하기 위해서는 교육·연구 분야의 수월성에 못지않게 글로벌 행정에 어울리는 전문성 확보와 안정적인 행정시스템이 필요하다고 생각합니다. 그러나 KAIST의 국제적인 위상과 비교하여 행정 분야의 자기혁신과 변화의 노력은 미흡한 것이 사실이며, 기관에 최적화된 행정제도와 문화도 부족한 것이 현실입니다.

이러한 관점에서 행정에 대한 동기부여는 물론 공감대가 형성된 행정 선진화 추진계획의 제시가 절실하다는 직원사회의 능동적인 인식과 자발적인 참여가 이 책 집필의 시작이었습니다.

본문에서 행정의 새로운 혁신 모델로 '자기 진화형 행정생태계'의 개념을 제시하였습니다. 이 책은 대학 경영의 혁신과 변화의 대상이 아니라 경영의 당당한 주체로서 자연 생태계의 선순환처럼 진화되고 발전되어야 한다는 KAIST 직원들의 변화와 혁신에 관한 고민과 진솔한 이야기를 담고 있습니다.

책이 나오기까지 많은 분이 수고를 아끼지 않았습니다. 먼저 행정 선진화를 추진할 수 있도록 격려하여 주시고 성원해 주신 신성철 총장님께 머리 숙여 깊이 감사드립니다. 그리고 각 팀 업무에 바쁘신데도 불구하고 기꺼이 집필 과정에 자발적으로 동참하여 주신 집필진들과 행정선진화추진위원회 위원으로 참여해준 위원님들께도 깊이 감사드립니다. 또한, 집필 과정에서 귀중한 시간을 할애하여 도움을 주신 한국과학언론인회 심재율 회장님과 인사혁신처 남주현 과장님께도 진심으로 감사드립니다. 특히, 집필 과정을 총괄적으로 주도해준 방진섭 행정부장님의 수고와 헌신에 감사함을 전합니다.

이 책이 행정을 변화시키고 발전시켜 KAIST가 '글로벌 가치창출 선도대학'으로 뻗어 나가는 데 작은 밀알이 되기를 소망합니다.

KAIST 행정처장 **김기한**

"행정의 고뇌와 열정이"
자율적인 공감과 참여, 변화와 혁신으로 펼쳐지길

대학과 대학의 혁신을 이야기하는 책들은 서점에서 적지 않게 볼 수 있다. 그만큼 대학과 대학의 변화에 관심들이 있다는 뜻이다. 대학에서 행정을 담당하고 있는 사람으로서 혹시나 행정을 이야기하는 책들이 있는지 찾아보면 쉽게 눈에 띄지 않는다. '혹시' 했다가 실망으로 바뀌는 순간이다.

입법·사법·행정의 삼권분립에 기초한 국가권력 구조 차원의 '행정'에 대해서는 익숙하지만, 대학에서의 행정에 대해서는 그 가치와 깊이를 생각하지 못하고 있는 것이 현실이다. 교수와 학생을 지원하는 단순한 일로 생각할 뿐 그 속에서 대학 발전을 고뇌하고 다양한 정책을 검토·조사하며 합리적인 대안과 개선방안을 만들기 위해 불철주야 노력하는 직원들의 열정과 헌신에 대해서는 제대로 알지 못하고 때로는 알면서도 애써 외면하기도 한다.

이 책은 행정 특히, '글로벌 가치 창출 선도대학'이라는 비전을 지향하고 있는 KAIST에서 직원들이 행정의 혁신과 변화를 도모해가는 과정과 지향가치, 발전방안 그리고 KAIST와 대학사회에 던지는 메시지를 담았다. 행정이 교육·연구와 더불어 대학을 지탱하는 중요한 임무와 역할을 수행하고 있음에 그 가치를 높이기 위한 변화와 혁신을 소통해보려는 것이다.

우리는 이 책에서 행정의 변화와 혁신 모델로 '자기 진화형 행정생태계' 개념을 제시했다. 변화하는 환경에 행정 스스로가 적응하여 혁신을 도모하고 역량을 강화하며 미래를 선제적으로 준비해 나가자는 것이다. 행정이 혁신과 변화의 대상이 아니라 주체로서 스스로 혁신과 변화를 주도하며 대학 발전의 중요한 축으로서 당당히 그 임무와 역할을 수행해야 한다는 주장과 다름없다.

KAIST에서 시작한 '행정선진화추진위원회'에는 직원들이 자발적으로 참여했다. 위원들은 자발적으로 나서 스스로가 자기혁신과 변화를 이야기했다. 이 책으로 인해 많은 대학과 조직에서 자율적인 공감과 참여, 변화와 혁신 운동의 물꼬가 트이기를 바란다.

이 책에는 집필에 참여한 행정선진화추진위원회 위원들의 노력과 열정이 담겨 있다. 책으로 출간하는 것에 대한 심리적인 부담과 압박을 서로 응원하고 격려하며 극복하였다. 처음 시도해보는 것이라 흔들림도 있었지만, 선배·후배·동료 등 많은 사람의 응원과 격려가 있었기에 가능하였다. 특히, 신성철 총장님과 김기한 행정처장님은 처음부터 행정 선진화에 도전할 수 있도록 응원하고 배려해주셨다.

이 책은 KAIST 직원들이 자신과 하는 약속이다. 행정의 변화와 혁신을 위한 열정을 잃지 않고 항상 초심을 되새기며 앞으로 나아가자는 것이다. 시간이 지나 변화에 무디어지고 혁신이 귀찮고 피곤한 존재로 다가올 때에도 이 책을 통해 흔들리는 자신의 중심을 잡고 '혁신을 선도하는 최고의 글로벌 행정'을 위해 노력을 멈추지 않겠다는 다짐이기도 하다.

  이 책이 많은 대학에서 그리고 직원들이 행정의 변화와 혁신을 도모하며 교수·학생과 함께 대학 발전에 주도적으로 참여하고 이끌어나가는 힘이 될 수 있기를 기대한다.

  KAIST에 첫발을 내디뎠던 초심을 되새기며…

KAIST 행정부장 방진섭

Contents

Chapter1

대학은 어디로 가고 있는가

Chapter2

KAIST는 어디로 가야 하는가

Chapter5

인사제도 : 너와 나, 우리 함께 가자

Chapter6

역량강화 : 전문성으로 다양성을 창출하라

Chapter7

업무환경 : 최고의 스마트 환경을 구축하라

Chapter8
조직문화 : 조직의 미래는 현재의 문화에 있다

Chapter9

제언 : 행정도 과학이다

부 록

행정선진화추진위원회 명단
직원 인식 설문조사 결과

대학은
어디로 가고 있는가

01 죽느냐 사느냐의 갈림길

   대학의 위기는 어제오늘 일이 아니다. 가장 큰 이유는 학령인구의 감소이다. 대한민국의 출산율은 세계 최저상태에 돌입했고 학령인구의 감소와 인구절벽은 대학의 구성원인 학생 수의 감소를 의미한다. 생산가능인구의 감소와 함께 더 중요한 문제는 기술의 고도화이다. 산업화시대와 달라진 환경에서 고도화된 기술에 적응한 인력은 상대적으로 소수이며 기술의 고도화는 대학 졸업장 외에도 많은 것을 대학교육에 요구하고 있다. 미래를 예측하는 일은 과거부터 어려운 일이었지만 앞으로의 변화속도는 미래 예측에 더 큰 어려움을 예고한다.

   한국사회에서 대학은 상대적으로 안정된 직장이었다. 세계 최고의 교육열을 토대로 대학입학의 경쟁은 심화되었고 대학은 존재 자체로 권위 있는 공적 기관으로서 원하는 학생들을 선택하는 권한을 가져왔다. 교수는 단순한 선생님의 사회적 지위 이상을 지녔고 대학은 사립일지라도 정부의 상당한 보조금을 오랜 기간 받아왔다. 대학이 위기라는 말은 계속 있었지만, 한국 사회에서 대학 속에 있는 구성원이 위기라는 말을 액면 그대로 느끼지는 못했다.

그러나 대학생 학령인구의 급감으로 지방사립대부터 위기감을 느끼기 시작했다. 청년실업이 본격화되면서 취업률이 낮은 지방사립대부터 정원을 채우기 어려운 시기가 실제로 도래했다. 학생 모집과 취업에 온 힘을 쏟아야 생존이 가능한 대학도 생겼다. 교육부는 대학평가를 강화하면서 구조조정에 돌입했다.[1] 대학이 죽느냐 사느냐의 갈림길에 서 있는 것이다. 이제 변화는 선택이 아니라 생존 차원에서 대학사회로 휘몰아치고 있다.

대학의 위기는 비단 한국만의 문제가 아니다. 세계적인 추세는 더 심각하다. 세계경제포럼 보고서[2]는 2020년까지 700만 개의 직업이 소멸되고 200만 개의 직업이 새로 탄생할 것으로 예측한다. 또 전 세계 7세 어린이의 65%가 지금은 없는 직업을 가질 것으로 보고 있다.[3]

이러한 흐름에 발맞춘 세계 유수 대학의 혁신은 놀랍다. 첫째는 교수 방법의 혁신이다. IT 기술의 혁신과 테크놀로지는 교육의 방법론

---

1) 한국의 사례: 교육부의 구조조정

2) 일자리의 미래

3) 중앙일보 2016

뿐만 아니라 교육 자체의 개념을 바꾸고 있다. 미국 애리조나 주립대학교(Arizona State University, 약칭 ASU)[4]는 10만 명 이상이 등록하는 온라인 원격교육으로 호평을 받고 있다. 무크(Massive Open Online Course, 약칭 MOOC)와 스탠퍼드대학교(Stanford University)에서 출범한 코세라(Coursera), 매사추세츠공과대학교(Massachusetts Institute of Technology, 약칭 MIT)가 만든 에드엑스(EdX)는 대학교육을 송두리째 바꾸고 있다. 모든 교육자료가 인터넷에 공개되고 공유되며 누구라도 이에 접근하는 시스템은 대학의 칸막이와 종전의 권위에 도전하고 있다.

또 하나의 트렌드는 융합이다. 애리조나 주립대학교는 지난 10년간 69개의 학과를 폐지하고 30개의 새로운 융합전공을 만들었다. 사학과, 철학과, 종교학과를 통합하고, 전기과와 컴퓨터과를 합쳤다. 생물학과와 사회학과, 지질학과와 인류학과가 통합되어 새로운 융합전공으로 학생들을 맞이하고 있다. 스탠퍼드대학교는 Stanford 2025 프로젝트로 고등교육의 새로운 장을 열고 있다. 대학 졸업장으로 졸업 후 70년의 일자리를 감당할 수 없다는 데서 비롯된 평생교육의 수요는 향후 더욱 커질 것이다. 학령기 학생 이외의 성인 학습자를 위한 수요를 분리 운영하는 흐름이나 향후 전망을 고려하여 신산업, 융합 분야 중심의 전공 개설 등 해외 유명 대학의 변화는 빠르게 진전되고 있다.

---

4) 미국 애리조나 주립대학교는 2016년부터 2019년까지 4년 연속 《US News & World Report》에서 평가하는 "가장 혁신적인 발전을 이루어 나가는 대학" 중 1위로 선정되었다.

02 대학의 역할이 달라진다

    교육과 연구를 통해 사회에 필요한 시민과 리더를 양성하는 것이 기본적인 대학의 역할이라고 할 때 미래에는 어떻게 달라져야 할까? 이제껏 대학들이 제공해온 교육은 전공분야 지식의 전수(Domain knowledge), 일의 절차적 과정을 이해하고 실제상황에 적용하는 학습(Process thinking), 데이터를 통한 인식의 확장 및 적용, 텍스트북 중심의 수업, 그리고 경쟁 일변도 교육으로 정의할 수 있다. 우리 사회는 빠른 속도로 서구 선진화된 국가의 추격자로 발전했으며 그 과정에서 대학교육의 역할은 빼놓을 수 없다. 한국의 경쟁적 교육 양태와 맞물려 이러한 경향은 아직도 한국대학의 주류적 흐름이다.

    4차 산업혁명 시대는 새로운 인재를 요구하고 있다. 전문가들의 다양한 의견이 있지만, 미래인재위원회의 보고서 '10년 후 대한민국, 미래 일자리의 길을 찾다'에 따르면 그것은 창의성을 바탕으로 복잡한 문제를 인식하고 해결할 수 있는 능력, 인간과 기계의 공생을 통해 다양성의 가치를 조합하는 대안 도출 능력, 기계와 협력하고 소통할 수 있는 역량이다. 창의(Creativity), 협업(Collaboration), 융합(Convergence), 배려(Caring)가 중요하다는 의미로 '4C 인재'로 명명하기도 한다[5].

삼성전자 반도체 김기남 사장은 앞으로는 잘 풀리도록 설계된 문제에 대해 정답만을 요구하는 것이 아니라 문제를 식별·정의·설계하는 역량이 가장 중요하며 문제를 정의할 줄 아는 사람이 문제를 부수고 새롭게 만들 줄 안다고 강조한다. 이러한 미래에 필요한 역량에 따라 대학이 어떤 교육을 제공할 것인지에 관해 전문가들은 다음과 같은 질문을 던져야 한다고 말한다.[6] 어떻게 하면 스스로 생각하는 능력, 창의적인 지성(가치전복적인 사고), 다양성(Diversity), 융합적인 사고를 통한 문제해결 능력을 고양할 수 있는가 하는 질문이다.

---

5) KAIST 신성철 총장
6) KAIST 정재승 교수

4차 산업혁명의 시대에 에듀테크(Edutech)를 통한 교육도 관심의 대상이다. 어떤 수업과 교육환경이 제공되어야 하는가에 대해 혁신적 교수 방법론도 이러한 측면에서 강조된다. 이 같은 도전 상황에서 어떻게 교수와 학생에게 행복한 연구 환경(몰입, 창의성, 회복탄성력, 자존감)을 만들어낼 것인가 하는 점도 대학의 미래와 관련된 주문이다.

대학은 세상과 동떨어진 상아탑이 아니라 세상의 변화와 발맞추어 가야 하는 곳이다. 대학은 갈라파고스가 아닌 산업계와 지역 플랫폼과 연결되고 전략적 제휴 네트워크를 가진 개방 혁신의 허브(Hub)로서 새로운 시작을 해야 한다. 평생 교육기관으로서의 대학의 역할도 이러한 측면에서 강조된다. 과거 산업현장에 필요한 젊은 일꾼을 양성하던 대학은 이제 초고령화 사회에 대비한 평생 교육기관으로 탈바꿈하고 있다. 시대가 요구하는 역량이 변화하고 있을 뿐만 아니라 20대 초반에 받은 교육으로 이후 60년을 살아내는 것이 불가능해졌기 때문이다.

대학교육에서 기업가 정신을 키워야 한다는 점은 또 하나의 중요한 인식이다. 과거의 대학교육이 산업현장과 동떨어져 있었다면, 지금은 산업현장과 긴밀하게 상호 협력하며 발전해야 하기 때문이다. 세상의 발전은 새로움에 도전한 혁신가들에 의해 발전해왔고 그 혁신에 대한 도전은 기업가 정신을 통해 발현된다. KAIST와 같은 연구중심 대학이 궁극적으로는 기업가형 대학으로 발전해 나가야 하는 이유이다.

03 캠퍼스의 경계가 사라진다

  교육의 패러다임은 교수 중심에서 학생 중심으로, 주입식에서 비판적 사고 교육으로, 학생의 대답보다는 학생의 질문중심으로, 그리고 문제 풀이보다는 문제를 제안하는 교육으로 변화하고 있다. 그리고 교수의 역할은 Facilitator, Moderator, Mentor로 바뀌고 있다.

  디지털 혁명의 시대에 교육환경의 변화는 전통적인 캠퍼스의 경계를 허물고 있다. e-learning의 대중화로 대규모 공개 온라인 강좌가 1만여 개를 넘어섰다. MOOC는 기존 대학캠퍼스의 물리적 경계가 사라지는 것을 보여주며, 매사추세츠공과대학교(MIT)의 오픈 강의, Khan Academy 등이 엄청난 속도로 발전하고 활용되고 있다. 또한, 구글 등에서 시행하는 단기 첨단과학기술 강좌도 주목을 받고 있다.[7] 미국과

---

7) Google의 Micro-Colleges, AT&T and Udacity의 Nano-degree, Sigularity Univ. (2008) 등이 대표적이다.

영국의 유명 대학들은 중국과 싱가폴, 유럽의 최고 대학들과 연계하여 운영되며 심지어 졸업식을 중국에서 하기도 한다.[8] 캠퍼스 경계의 사라짐은 외국대학이나 오픈 강의로만 한정되지 않고 인접지역 학교와 과목을 공유하고 도서관을 공유하는 방식으로도 나타나고 있다.

사실 이러한 변화는 이미 오래전부터 예측된 것이다. 미국의 경영학자로서 현대 경영학을 창시한 학자로 평가받는 피터 드러커(Peter Ferdinand Drucker)는 1997년에 포브스(Fobes Magazine)에서 캠퍼스형 대학의 소멸을 예측했다.[9] 국내에서는 오래전부터 고등학교 사교육 현장

---

8) 영국의 명문대학인 런던정치경제대학(London School of Economics and Political Science: LSE)는 런던 외에도 매년 중국에서 졸업식을 개최한다.

9) 피터 드러커는 1997년 포브스와의 인터뷰에서 "30년 후 대학캠퍼스는 유적지로 남을 것이다"라고 말했다. ("Thirty years from now the big university campuses will be relics.

을 온라인 스타강사가 지배하는 현상이 나타났다. 학생들이 학교 수업보다 온라인으로 제공되는 스타강사의 강의를 시간과 공간의 물리적인 제약 없이 수강하는 것이다.

국내에서도 명문대 합격을 포기하고 최근 화제가 되고 있는 미네르바 스쿨(Minerva Schools at KGI)이라는 새로운 형태의 대학에 진학하는 사례가 나타났다. 미네르바 스쿨은 미국 샌프란시스코에 본사가 있지만 매 학기 미국, 독일, 영국, 대만 등 전 세계를 돌며 교육을 받고 4년 동안 7개의 국가를 돌며 배우게 된다. 각국에서 살면서 문화를 체험하고, 다양성을 몸으로 경험하며 어디에서든 적응할 수 있는 학생을 기르고 있다. 교수, 학생 간 실시간 교류가 가능한 영상통화 형태의 온라인 수업을 진행하며, 수업과정에서 첨단 소프트웨어가 활용되어 토론을 평가하기도 하고 모든 것을 검색할 수 있는 시대에 암기형 시험 대신 오픈 북 형태의 시험과 과제만을 부여한다. 우수한 학생들이 검증된 유수의 명문대를 포기하고 이러한 신생학교에 지원하는 것은 과거의 명성에 기댄 명문대의 졸업장보다는 새로운 미래에 대한 적극적인 도전만이 변화하는 시대에 맞는 자신의 생존전략이라고 믿기 때문일 것이다.

The university won't survive as a residential institution.")

04 대학의 행정도 역할이 바뀐다

  대학에서 교수, 학생, 직원 간 역할과 전문성에 관하여 고민해볼 필요가 있다. 대학의 주인은 누구일까? 한국의 대학사회에서 교수와 학생, 직원은 각각 존재하는 경향이 짙다. 교수, 학생, 직원 간에 서로에 대한 믿음과 소통, 열린 사고 없이는 각각의 전문성이 빠른 혁신과 적극적인 변화에 대한 대처로 발전하기 어렵다. 따라서 대학 내의 경직된 의사소통 관계를 어떻게 변화시킬 수 있는지에 대하여 여러 가지가 고민되어야 한다.

  대학의 총장과 부총장, 처장 등의 보직 교수들은 자신의 전공 분야에서 연구와 교육에 몰두하다가 한시적인 기간 동안 행정가로 근무하게 된다. 학내 보직을 맡은 교수는 관리자 리더십에 관한 기본역량을 배양하고 행정가 역할을 겸할 필요가 있다. 직원은 프로페셔널리

즘(Professionalism)을 바탕으로 수행 업무에 대한 전문성을 갖추어야 한다. 학생은 교육과 연구, 행정에 대해 지속적으로 모니터링하고 그 과정과 결과를 적극적으로 피드백하고 함께 혁신해나가야 한다. 대학의 3주체가 협력하고 소통하는 것은 대학의 변화와 미래를 준비하는 기본이 된다.

미국의 매사추세츠공과대학교(MIT)는 2019년부터 인공지능(AI)을 전체 학생 대상의 필수 교과 과정으로 편성할 계획을 발표했다. 아직까지 국내 대학에서는 시도하지 못한 전략적이고 신속한 결정이다. 라파엘 레이프 MIT 총장은 "현재 AI는 인문학 등 非 기술 분야를 막론하고 전 분야에 중대한 영향을 끼치고 있어, 교육에도 새로운 접근방식이 필요하다."고 말한다. 이렇게 새로운 기술적 진보를 통해 모든 학생의 교육과정을 변화시켜야 할 때 대학행정은 어떻게 뒷받침할 것인가. 교육프로그램과 커리큘럼, 교수진 채용과 섭외, 그리고 예측하지 못한 여러 가지의 행정지원 등 전 학생이 체험할 다양한 변화를 준비하는 시간이 몇 년 정도 필요하다면 과연 MIT가 목표로 하는 새로운 접근방식을 빠르게 적용할 수 있을까. 그 사이의 변화는 어떻게 따라잡을 것인가. 대학의 3주체가 협업하여 신속하게 혁신한다는 것은 이런 것이다. 선도하는 대학의 행정은 이러한 신속한 의사결정에도 빠르게 적응하여 교육수요와 기대를 충족시킬 수 있어야 한다.

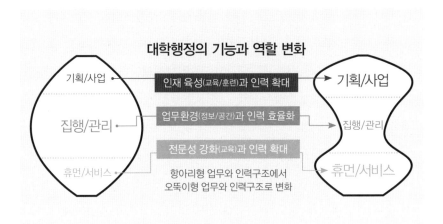

대학행정의 기능과 역할 변화

기획/사업 → 인재 육성(교육/훈련)과 인력 확대 → 기획/사업

집행/관리 → 업무환경(정보/공간)과 인력 효율화 → 집행/관리

휴먼/서비스 → 전문성 강화(교육)과 인력 확대

항아리형 업무와 인력구조에서
오뚝이형 업무와 인력구조로 변화

휴먼/서비스

과거 사무관리기능이 중심이었던 대학행정도 고도의 정책분석기능, 기획, 사업화 능력 등이 필요하고 학생에 대한 서비스 정신으로 재무장할 필요가 있다. 열심히 공부하는 학생의 상담, 진로, 리더십 육성을 도와주고 학내인권이나 법적 문제에 관한 전문적 컨설팅을 제공하는 것, 수준 높은 음악회를 개최하여 스트레스 환경을 관리해주는 것 등 다양한 부문에서 글로벌 대학들의 움직임은 활발하다. 과거 소극적 대학행정 시대에는 생각하지 못한 서비스이지만, 현재의 글로벌 대학에서는 모두 중요시하고 있는 흐름이다. 대학행정의 전문화가 필요한 이유다.

대학행정 간의 교류와 협력도 적극적으로 이루어질 필요가 있다. 대학 간 협력을 통해 대학행정의 질을 높이는 것이다. 다양성을 중시하는 유럽교육에 맞게 런던정치경제대학(London School of Economics and

Political Science, 약칭 LSE)은 오래전부터 프랑스, 중국, 싱가폴 등 다양한 나라의 최고 대학과 교류협력을 맺고 있다. 심지어 졸업식을 북경에서 하기도 한다. 국제기구나 공공기관과의 협력기회도 많다. 예를 들어 정부학(Government) 전공자들은 OECD 등 국제기구의 Capstone project를 실시하고 국제기구 담당자들은 학생들의 의견을 실제 행정에 반영한다.

Chapter **2**

KAIST는
어디로 가야 하는가

01 1971년에 부여됐던 역할은 완료

KAIST의 설립은 세계적으로도 과학기술 교육에서 엄청난 성과를 거둔 대단한 일이었다. KAIST가 설립될 당시 우리나라는 이공계 대학원 교육이 매우 취약했다. 제대로 된 공과대학 교육이 없었다. 서울대학교의 경우 첫 석사학위과정이 생긴 1947년 이래 1966년까지 20년간 물리학 석사의 배출 인원은 48명에 지나지 않았다. 박사도 1952년 1호가 나온 이후 1961년까지 서울대 전체에서 124명에 불과했다. 그중 물리학 박사는 단 1명이었다.[10]

50년 전인 1969년, 미국 우주선 아폴로 11호를 탄 우주인들이 인류 역사상 처음으로 달에 첫발을 내디뎠다. 바로 그해 정근모 박사는 '새로운 한국의 응용과학기술대학원 설립안'을 만들어 미국 국제개발처(United States Agency for International Development, 약칭 USAID)에 제출했다.

---

10) KAIST, "2031 KAIST 미래보고서", 김영사, 2018.2.

우리나라의 과학기술이 발전하고 산업이 고도화하려면 국제수준의 이공계 대학원이 필요하다는 구상을 담은 역사적인 보고서이다. 이 설립안을 구체화하기 위해 미국 정부는 프레드릭 터만 교수를 단장으로 한 조사단을 파견했으며, 이듬해 그 유명한 '터만 보고서'가 나왔다. 터만 교수는 한국의 젊은 과학자들에게 "너희 힘으로 너의 나라의 과학기술을 발전시켜 보라", "미국을 본 따지 말라"고 격려했다.

그러나 시작은 쉽지 않았다. 국내 교수들이 KAIST 설립은 소수 교육을 위해 기존 대학원 교육을 모두 망치는 그릇된 처사라는 반대 의견을 표출하면서 KAIST 설립을 위한 미국의 차관 원조를 중지해 달라고 진정서를 보낸 것이다.[11] 이러한 반대에도 불구하고 미국 정부의 지원 약속과 한국 정부의 적극적인 노력 그리고 미래를 내다본 애국적인 과학기술 전문 공무원들의 노력에 힘입어 드디어 1971년에 KAIST는 설립됐다.

KAIST의 가치는 최형섭 전 과학기술처 장관의 회고록을 통해서도 증명된다. 다시 말해 KAIST는 대학원 교육의 기준을 설정하고 다른 대학들이 따라가야 할 목표를 보여 준 것이다.

---

11) 미국 대통령 과학 고문 에드워드 데이비드 박사가 당시 국내 대학교수들에게 받았던 진정서 내용

"1970년 무렵의 대학원 교육은 학부 교육의 부속과정 수준으로만 인식됐다. 대학원 교육의 가치가 하도 미미하여 기업 채용에서도 석사학위 소지자를 우대하지 않았다. 우리 사회가 대학원 교육의 가치를 제대로 인정하게 된 시점은 KAIST 석사 1회 졸업생의 취업 때부터다."

KAIST는 대한민국 과학사의 모든 첫걸음을 만들어 나갔다. 1979년에 국내 최초로 플레이백형 로봇 카이젬 1호를 개발한 것을 시작으로 국내 벤처기업의 원조인 큐닉스를 창업하였다. 또한, 대한민국 최초의 기술 수출[12]을 이루었을 뿐만 아니라 독자적으로 개발한 첨단 기술을 처음으로 선진국에 수출[13]하는 쾌거를 이루기도 하였다. 이러한 눈부신 성과는 국가의 초고속 성장을 이끌었다. 1970년대에 실용기술 개발을 중심으로 하여 1980년대에는 과학기술자립의 기반을 마련하고 1990년대에는 대한민국 최초의 인공위성인 우리별 1호를 시작으로 국가 과학기술의 위상을 강화하였다. 그리고 2000년대에는 세계적 IT기업 구글에 수출된 휴머노이드 로봇인 휴보를 개발하면서 첨단 과학기술을 선도하였고 2010년대 이후에는 Science[14]의 세계 10대 과학성과

---

12) 1983년 식품화학연구실 최홍식 박사팀이 미강 안정화 처리기를 태국에 수출

13) 재료공학과 김영실 교수가 반도체 신소재 기술을 독일에 수출

14) 미국과학진흥협회(AAAS)에서 발행하는 과학 전문 주간지로 1880년 에디슨(Thomas Alva Edison)이 투자한 1만 달러로 창간한 뒤, 1900년 미국과학진흥협회가 인수하면서 미국을 대표하는 과학잡지로 자리 잡았다. 영국의 과학잡지 《네이처 Nature》와 함께 세

로 선정된 벌집 모양의 제올라이트 연구로 이어지며 세계적인 연구 성
과를 양산하기에 이르고 있다.

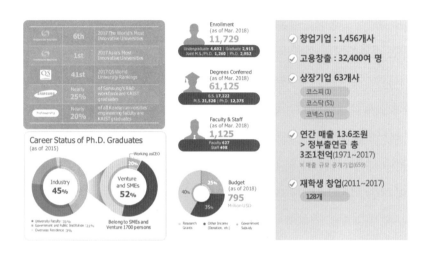

또한, KAIST 졸업생들이 기업으로 진출해서 40여 년간 노력한 결
과 국제경쟁력을 가진 글로벌 기업들이 탄생했다. 대학교수로 진출한
졸업생들은 우리나라 이공계 대학원 교육을 한 단계 높이는데 보이지
않게 크게 기여했다. KAIST의 성공을 목격한 국내 대학들도 잇따라
대학원 교육을 강화했으며, 홍콩과 싱가포르 등 다른 국가도 KAIST
의 모델을 좇아 국제적인 이공계 대학 설립을 과감하게 추진했다.

계 과학저널의 쌍두마차로 불릴 정도로 과학계에 미치는 영향력이 크며 그 내용은 물리
학·화학·생물학·우주과학 등 종합과학을 다룬다.

그동안 KAIST는 정부의 지원과 국민의 사랑을 받으며 국가 산업 발전에 필요한 고급 과학기술 인재의 양성과 연구라는 부여된 역할에 최선을 다해왔다. 그 결과 KAIST의 발전은 우리나라 과학기술과 산업 발전의 기본을 이루었다. KAIST가 없었으면 대한민국에 오늘날과 같은 글로벌 기업들이 나타나지 않았을 것이라는 의견은 결코 과장이 아니다. 우리나라 대학과 기업과 출연연구소의 과학기술 리더 4명 중 1명이 KAIST 졸업생이다.

지금 우리나라에는 반도체를 비롯해서 화학, 자동차, 선박, 건설, 기계 등 여러 분야에서 세계 수준의 글로벌 기업들이 다수 탄생했다. 50년이란 짧은 시간에 기적 같은 일이 이뤄진 것이다. 그리고 그 기적과 같은 일의 중심에 KAIST가 존재하며 1971년에 부여했던 역할을 훌륭하게 완수하였다.

02 미래의 새로운 역할에 도전

KAIST가 이제 설립 목적을 달성했다는 사실을 의심하는 사람들은 아무도 없다. 그렇지만 KAIST는 현재의 성공에 안주하기에는 이미 주변 상황은 크게 변했다. KAIST가 차지했던 독보적인 위치는 사라지면서 국내외 대학들의 경쟁이 더욱 강해졌다.

우리나라의 글로벌 기업들이 세계 무대 앞줄에 서서 선두경쟁을 하는 것과 마찬가지로 KAIST 역시 인재육성과 연구개발에서 더 이상 선진국을 뒤쫓아 가는 것만 가지고는 충분하지 않다. KAIST는 이제 세계 최초, 최고 수준의 과학기술을 창조해야 한다.

KAIST는 창의와 도전이라는 기존의 두 원칙과 함께 배려라는 새로운 원칙을 추가했다. 배려라는 새로운 원칙을 과감하게 도입한 것은 과학기술이 사회의 모든 분야에 광범위하게 영향을 미치기 때문이다.

▌상상 이상으로 아름다운 변화를 꿈꾸다

2017년에 구성돼 1년 동안 활동한 KAIST 비전 2031 위원회는 '글로벌 가치창출 선도대학'이라는 새 목표를 달성하는 데 필요한 5가지 혁신전략을 내놓았다. 혁신전략이 지향하는 슬로건은 '상상 이상의 아름다운 변화를 꿈꾸자 Making beautiful difference beyond imagination'이다. 상상은 창의적인 아이디어를 도전적으로 시뮬레이션하는 과학기술의 유전자이다. 남들이 하는 것을 추종하는 것을 배격한다. 인류와 국가에 번영과 행복에 도움이 되는 문제를 찾아 정의하고 해결하여, 아름다운 세상을 만드는 것이다.

이를 위한 5가지 분야 혁신의 기본 방향은 다음과 같다.

- **교육혁신**: 과학기술의 사회적 가치를 높이는 창의 리더 양성
- **연구혁신**: 인류와 국가의 난제 해결 연구
- **기술사업화혁신**: 가치창출 기업가형 대학
- **국제화혁신**: World Bridge KAIST by 2031
- **미래전략혁신**: How보다 What을 찾는 대학

▌교육혁신 | 과학기술의 사회적 가치를 높이는 창의 리더 양성

4차 산업혁명의 발전에 따라 발생하는 사회 문제를 해결하기 위해서는 다양한 분야와의 협업이 중요하다. 이런 목표를 달성할 창의적 인재를 선발하려면 인지적 탁월성은 물론이지만, 역경을 극복하는 도전

정신, 그리고 자기 주도성 등 정서적 요인도 갖춰야 한다. 도전과 창의를 바탕으로 문제해결력, 협업능력을 배양하도록 창의 융합 교육과정을 도입해야 한다. 새로운 교수법을 도입하는 동시에, 가르치는 사람 중심 수업에서 배우는 사람이 참여하는 방향으로 강의 패러다임이 바뀌어야 한다.

▍연구혁신 │ 인류와 국가의 난제 해결 연구

KAIST는 제4차 산업혁명에 대응하는 초 학제 융합연구를 더욱 확대하고, 원천 과학기술을 발굴해서 미래사회와 산업의 변화를 이끌어가야 한다. 연구혁신의 기본방향은 단기 성과 위주의 추격형 연구에서 탈피해서 선도형 연구로 패러다임을 바꾸는 것이다. 그러려면 창의적이고 도전적이며, 변혁적인 동시에 융합적인 연구를 활성화해야 한다. 이러한 연구혁신은 글로벌 이슈를 해결하는 '인류와 국가의 난제 해결 연구'로 이어질 것이다.

▍기술사업화혁신 │ 가치창출 기업(起業)가형 대학

KAIST가 추구하는 '가치창출'은 인재가치, 지식가치, 경제가치, 사회가치의 창출을 모두 포함한다. 한마디로 요약하면 '세상을 바꾸고, 세상에 영향을 미치는 변화를 선도하는 것'이다. KAIST가 지향하는

'기업가형 대학, 起業家型 大學, Entrepreneurial University'은 '기업(企業)'을 창업하는 것은 물론이고, 새로운 '업(業)'을 일으킨다는 의미이다.

물론 '연구중심대학의 기반 위에서' 이를 추구할 것이다. 지금까지 훌륭하게 해 온 교육과 연구활동에 기술사업화 활동을 강화하게 될 것이다. 기술사업화를 하는 데 있어서 달라진 점은 기업의 성장과 이익추구 외에 사회적 영향을 강조할 것이다. 이것이 KAIST가 생각하는 '기업가형 대학 = 가치창출 대학'의 기본 방향이다.

▌국제화혁신 | World Bridge KAIST by 2031

KAIST는 2031년까지 교육과 연구를 발전시켜 세계로 뻗어 나가고, 세계 교육 및 연구 기관이 한국으로 들어오는 기반을 구축하고자 한다. 국제적으로 우수한 교수·학생과 연구원을 유치하고, 연구 성과의 위상을 높여야 한다. 우수 연구의 국제 컨소시엄 및 글로벌 사업화를 유도하는 노력이 뒤따라야 할 것이다. KAIST가 당면한 가장 큰 과제가 무엇이냐 물으면, 가장 먼저 국제화를 꼽는다. 교육, 연구분야에서 시대 요구에 맞는 국제화가 이뤄져야 한다. 가시적으로는 외국인 학생과 외국인 교직원의 비율을 높여야 한다.

▌미래전략혁신 | How보다 What을 찾는 대학

이러한 교육 연구 기술사업화 국제화라는 4대 분야의 혁신을 통합하기 위한 미래전략의 기본 원리로 KAIST는 'How보다 What을 찾는 대학'을 내세웠다. 다른 사람이 정의한 문제를 해결하는 How에 편중된 연구보다, 무엇이 문제인지를 정의하는 What에 초점을 맞춘 연구를 발전시켜야 글로벌 가치를 창출할 수 있다. 이러한 혁신이 계획대로 이뤄지는지를 장기적으로 점검하는 모니터링 기능이 필요하다.

신성철 총장은 2017년 3월 15일 취임식에서 5대 혁신의 당위성을 이렇게 설명했다.

KAIST는 과학기술 인력양성과 연구에서 선도적 역할을 해야 할 국가적 책임을 제대로 수행할 때 그 존재가치가 있습니다. 이제 KAIST는 제4차 산업혁명 시대가 요구하는 새로운 책무 앞에 놓여 있습니다. 이 시기는 우리에게 새로운 도전이자 존재가치를 또 한 번 드러낼 수 있는 절호의 기회라고 생각합니다.
이런 상황을 직시하여 KAIST는 이제 새로운 국가적 사명을 감당하기 위한 5대 비전과 혁신전략을 마련하여 열정적으로 추진해야 할 중요한 시기를 맞았습니다. 미래의 비전을 세우고 혁신하지 않는 조직과 국가는 변화의 속도를 따라잡지 못하고 역사 속으로 사라질 수밖에 없습니다.

03 존재가치와 의미에 끊임없이 답하라

KAIST의 존재가치는 설립 초기 세계적인 전문가들의 통찰력 있는 예측 속에 반영되어 있다. KAIST의 설립은 과학발전의 역사적인 맥락으로 보면, 20세기 초 위대한 과학발전과 연결이 되어있다. 2차 세계대전 살육의 참화를 한 번에 마무리시킨 원자폭탄은 핵의 분열이라는 과학적 발견에서 시작됐다. 원자폭탄의 가공할만한 위력은 핵이 분열하면서 나오는 어마어마한 에너지를 파괴적으로 이용하는 것이다. 아인슈타인이 남긴 불멸의 공식인 $E=mc^2$이 현실로 나타난 것이 바로 원자폭탄의 위력이다. 그리고 불행하게도 그 공식의 첫 번째 이용이 전쟁에 사용됐다는 비극적인 결과는 수많은 과학자의 양심에 깊은 생채기를 남기면서 과학자가 결코 인간의 도덕과 윤리 및 사회와 별도로 존재할 수 없다는 중대한 책임감을 남겨놓았다.

이러한 문제의식에 정치가들이 함께 하면서 원자력의 평화적 이용과 그에 따른 과학기술자의 대량 양성 등으로 이어진 일련의 과학기술 및 산업화의 연장선상에서 KAIST가 태어났다. 어느 나라의 과학기술 역사를 봐도 KAIST만큼 아름다운 국제협력의 결과로 태어나 세계적인 이공계 대학으로 우뚝 선 곳은 찾아보기 어렵다.

KAIST에 입학해서 국가의 도움을 받아 공부할 수 있게 된 것에 감격한 학생 중에는 기숙사에 태극기를 걸어놓고 아침저녁으로 경례를 한 학생도 있었다. 500억 원이 넘는 기금을 기부하면서 '남이 하는 연구를 따라하지 마세요'라고 당부한 벤처 기업가의 창조적인 도전정신은 정문술 빌딩에 우뚝 서 있다. 김병호–김삼열 부부는 우리나라 과학기술 발전을 위해 수만 평의 농장을 조건 없이 기부했고, 이수영 KAIST 발전재단 이사장은 본인이 서울법대 동문회 장학재단 이사장을 했으면서도 "대한민국이 발전하려면 과학기술이 발전해야 한다"고 아무 연고 없는 KAIST에 재산을 유증했다. 스포츠 콤플렉스도, 녹색교통대학원도, 학생회관도, KAIST 클리닉도 모두 다 대한민국의

발전을 위해 기부한 사랑의 열매로 탄생했다.

KAIST가 아니면 내가 어떻게 외국 유학을 다니면서 박사가 되어 총명한 학생들을 가르치는 교수가 되었을까? 감사한 마음을 담아 장학금을 보태 준 KAIST 교수들도 여럿이다.

오늘날 KAIST가 세계적인 이공계 대학으로 우뚝 선 그 원동력은 바로 이렇게 대가를 바라지 않는 위대한 사랑과 희생이다. 사랑은 환경과 형편에 따라 부부사랑, 가족사랑, 나라사랑, 학문사랑, 인류사랑 등 다양한 형태로 발현된다. KAIST는 전통적으로 창의(Creativity)와 도전(Challenge)을 통해 이런 사랑을 실천해왔다.

이렇게 바뀌는 시대상황에 맞춰 KAIST는 지난해 '2031 KAIST 미래보고서'를 발표하면서 한 가지 매우 중요한 덕목을 추가했다. 그것은 바로 배려(Caring)이다. KAIST에게 익숙한 창의와 도전에 배려를 결합할 때, 한 단계 업그레이드된 열매를 맺을 수 있기 때문이다.

인류에게 보편적인 과학이라는 학문의 입장에서 보면, KAIST의 설립은 유럽 및 미국 중심으로 발전해온 과학기술 문명의 영토가 산업혁명을 경험하지 않는 새로운 국가로 확대되는 역사적인 의미를 갖는다.

KAIST의 구성원들은 이러한 과학적이면서 인류 문명사적으로 감춰진 존재 이유를 다시 한 번 되돌아보면서, 대한민국의 발전뿐만 아니라 아직도 어려운 상황에 머물러 있는 아시아-아프리카-중남미 국가들의 발전에 더욱더 사명감을 가지고 배려하는 마음으로 나아가야 한다.

04 용오름치는 혁신 DNA

"아시아 최고 혁신대학 1위, 세계 최고 혁신대학 6위"로 평가받는 KAIST의 혁신성은 어디에서 오는가. 무엇이 그렇게 KAIST를 꿈틀거리게 하고 용오름을 일으키게 하는 걸까. KAIST는 대한민국의 혁신을 주도해왔으며 한 번도 혁신의 발걸음을 멈추지 않았다. 그리고 그러한 혁신을 일으키게 하는 DNA는 오늘도 용오름치고 있다.

창의와 도전에 배려를 더하다

먼저 KAIST의 혁신 DNA는 핵심가치를 구현하는 것과 연결해서 생각해야 한다. KAIST의 핵심가치는 '창의(Creativity)'와 '도전(Challenge)'이었으며 지금도 큰 틀에서 변함이 없다. 누구도 생각하지 못한 창의적인 사고와 누구도 가지 않은 길을 가야 하는 도전적인 행동은 KAIST 구성원이라면 엄숙히 받아들여야 할 숙명이며 마땅히 추구해야 할 가치체계이자 행동철학이다. 2017년 들어 KAIST 구성원들은 이 전통적인 핵심가치에 한 가지를 덧붙였는데 그것은 바로 배려(Caring)이다. KAIST의 핵심가치로 전통적으로 과학적이 아닌 것처럼 생각될 수 있는 배려를 포함시킨 것은 매우 파격적이라고 할 수 있다. 국가로부터 받아온 혜택을 이제는 국가와 사회에 나누고 헌신하는 정신이 더해진 것이다.

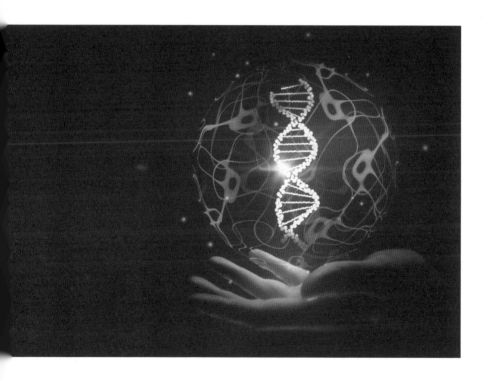

▎세계를 향한 무한경쟁이 체질화되어 있다

다음으로는 세계를 향한 무한경쟁이 체질화되어 있다는 것이다. KAIST에서 경쟁은 일상화된 단어이다. 세계를 향한 무한경쟁의 체질화는 특히, 교수들의 업적평가와 학과평가에 깊숙이 반영되어 강력한 영향력을 발휘하게 되고 구성원이 세계를 향한 무한경쟁을 자연스럽게 받아들이게 하는 핵심이다. 교수들의 업적평가에서 일반대학들의 경우에는 논문의 양적인 편수가 중요한 지표로서 작동하고 가장 강력한 객관성 확보의 평가지표로 활용되지만 KAIST에서는 논문을 얼마나 많이 썼는지는 중요한 평가지표로서 힘을 발휘하지 못한다. 대신에 얼마나 가치 있고 영향력 있는 논문을 썼으며 해당 분야에서 어떻게 인정을 받고 있느냐가 핵심 평가지표이다.

▎자유 시장경제 시스템에 최적화되어 있다

마지막으로 KAIST의 혁신 DNA에는 자본주의에 최적화된 자유 시장경제 시스템이 작동하고 있다. 자유 시장경제의 핵심은 수요와 공급의 적절한 조화를 통해 자율적으로 운영되는 시스템으로 KAIST에서는 이러한 경제원리가 학교 전반에 깊숙하게 침투되어 있다. 일단 KAIST에는 학과별로 교수와 학생의 정원이 존재하지 않는다. 정원이 존재하지 않으니 우수 교수와 우수 학생을 뽑기 위한 경쟁이 자연스럽게 형성이 된다. 따라서 학과별로 우수한 교수를 어떻게 모시고 오는 가는 학과장의 가장 중요한 역할이 된다. 이렇게 학과별 교수 정원에 대한 기득권이 인정되지 않으니 가장 좋은 교수를 모셔오는 학과에 우선권이 부여될 수밖에 없고 이는 자연스럽게 우수 교수를 확보하기 위한 자유로운 경쟁으로 연결된다.

아울러 KAIST에 입학하는 학생들은 학과가 없다.[15] 무학과로 선발이 되기 때문이다. 입학 후에 1년의 과정 동안 기초과목과 교양과목 중심의 교육을 받으며 다양한 전공 탐색의 기회를 갖고 자신의 적성과 희망에 따라 2년 차에 학과를 선택하게 되어있다. 이렇게 학과별로 정원이 없다 보니 학생들은 자유롭게 100% 자신이 희망하는 학과를 선택할 수 있고 시대 환경과 산업의 흐름에 따라 수요와 공급의 시장이 달라지면서 학생들의 학과 선택도 자연스럽게 변화를 하게 되는 것이다.

---

15) 무학과 제도는 1986년에 국내 최초로 도입되었다. 무학과 제도는 학과 선택에 학생들의 다양한 특성과 능력이 충분히 고려되고 반영될 수 있도록 하자는 취지이며 학생 중심의 학사제도를 구현하는 목적이기도 하다.

Chapter 3

왜 **행정 선진화**를
추진하는가

01 행정에도
방향과 전략은 필수

    과거에는 대학에서의 행정을 단순하게 어떠한 일의 사무를 맡아 처리하거나 시설이나 물건의 유지·개량 따위의 일을 맡아 하는 것으로 인식했다. 그러다 보니 행정발전을 위한 방향을 설정하고 전략을 수립하는 것은 생각지도 못하였다. 많은 대학이 장기발전전략을 수립하며 어떻게 더 나은 교육을 하고, 세계적인 연구를 수행할까를 고민하면서도 이를 뒷받침할 정책을 검토하고 구체적인 방안들을 만들고 집행해 나가야 하는 행정의 발전에 대한 고민은 별로 없었다.

    그러나 이제는 교육과 연구에 머물렀던 대학들의 발전전략에도 행정을 포함하고 고민하여야 한다. 지금의 대학행정은 단순한 집행·관리와 지원·서비스에 머물지 않고 대학발전을 위한 다양한 전략을 수립하고 정책을 조사·검토하며 신규사업을 개발하는 전문가 집단으로 변화하고 있기 때문이다. 또한, 진로·상담·인권 등 새로운 행정영역의 확장이 빠르게 이루어지고 있다. 이러한 대학행정의 환경 변화는 행정

이 대학발전의 단순한 도구가 아니라 대학발전의 핵심적인 주체로서
인식·접근하도록 사고의 전환을 요구하고 있다.

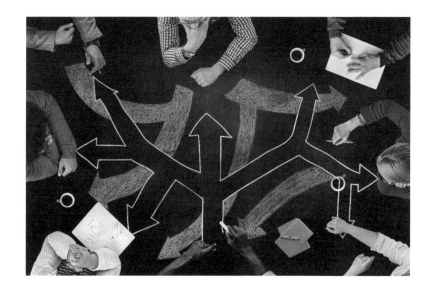

그렇다고 행정이 교육과 연구와 분리되어 독립적으로 존재해야 하
고 별도의 발전 방향과 전략을 검토·수립해야 함을 말하는 것은 아니
다. 대학의 장기발전전략과 목표들과 연계하여 행정도 발전 방향과 전
략을 함께 고민해야 진정한 대학의 발전을 이루어갈 수가 있다는 것이
다. 대학이 지향하는 가치에 교육과 연구의 주체인 교수·학생뿐만 아
니라 행정의 주체인 직원들도 함께 참여하여 치열하게 고민하고 노력
해야 한다.

직원들이 전체적인 대학과 행정의 발전 방향과 전략을 고민하지 않고 알지도 못한다면 봉사가 코끼리 다리를 만지듯이 업무를 수행하는 것과 같다. 가야 하는 길의 목적지를 알지 못하기에 어느 방향으로 가야 하는지, 어떻게 가야 하는지도 모르면서 걷는 것이다. 그냥 무작정 걷고 있을 뿐이다. 그러기에 행정도 대학의 장기발전전략과 연계하여 발전 방향과 전략을 수립하고 목적지를 향해 함께 걸어가야 한다.

02 KAIST의 지향가치에 응답하는 행정

    KAIST의 지향가치는 무엇일까? 명시적으로는 한국과학기술원법과 정관에서 정하고 있는 설립 목적[16]이 될 것이고, 그 설립 목적을 성공적으로 달성하기 위하여 수립하는 장기발전전략의 비전과 목표[17]가 되기도 할 것이다. 또한, 핵심가치인 '창의'와 '도전', '배려'이기도 할 것이다. 그리고 묵시적으로는 법률과 정관, 장기발전전략, 핵심가치에 명시된 용어들 속에서 구성원들이 암묵적으로 느끼고 생각하는 가치 기준이 될 것이다.

---

16) 한국과학기술원법 제1조(목적)와 한국과학기술원 정관 제2조(목적)에서는 다음과 같이 표현하고 있다. "산업발전에 필요한 과학기술 분야에 관하여 깊이 있는 이론과 실제적인 응용력을 갖춘 고급 과학기술 인재를 양성하고 국가 정책적으로 수행하는 중·장기 연구개발과 국가과학기술 저력 배양을 위한 기초·응용연구를 하며, 다른 연구기관이나 산업계 등에 대한 연구지원을 하기 위하여 한국과학기술원을 설립함을 목적으로 한다."

17) 한국과학기술원의 설립 목적을 달성하기 위하여 총장에 따라 시대별로 장기발전전략을 수립하여 추진하고 있으며 비전과 목표, 추진방안 등을 구체적으로 제시하고 있다.

명시적인 것과 묵시적인 것들 속에서 KAIST가 지향하고 있는 가치는 여러 가지가 있을 수 있다. 구성원에 따라 교수들의 지향가치와 학생들의 지향가치, 직원들의 지향가치가 다를 수도 있다. 그렇다면 구성원들의 사고를 관통하는 공통 지향점은 무엇일까?

가장 먼저 떠오르는 용어는 '선도', '최고', '글로벌'이 아닐까 한다. KAIST는 1971년 설립 이래 최소한 국내에서는 선도적인 역할을 통해 최고라는 지향점을 향해 달려왔으며 지금도 그 역할은 유효하다. 그리고 이제는 국내를 넘어 글로벌이라는 세상으로 그 영역을 확장하여 달리고 있을 뿐이다.

이러한 지향가치는 교육과 연구의 영역에서 주로 활동하는 교수와 학생들에게는 숙명과 같이 당연한 명제처럼 받아들여져 왔고 마땅히 추구해야 할 목표이기도 하다. 또한, 평가를 통해 이를 측정할 수 있는 글로벌 기준들이 통용되다 보니 치열한 경쟁환경에 스스로 존재가치를 끊임없이 입증해야 하는 상황이다.

그럼 행정의 영역에서 주로 활동하는 직원들도 '선도', '최고', '글로벌'이라는 지향가치를 인정하고 있고, 추구하고 있을까? "Yes" 또는 "No"라고 단정적으로 말하기가 쉽지는 않다. 어떤 사람은 그런 가치를 추구할 정도로 인정받거나 대접받지 못하다고 이야기할 수 있고, 행정의 영역에서 직원의 추구가치는 달라야 한다고 이야기할 수도 있다. 설령 지향가치를 인정하고 받아들인다고 하더라도 무엇으로 평가하고 측정할 수 있는지에 의문을 제기할 수도 있다.

그러나 어쩌면 우리 직원들은 활동영역이 다르고 역할이 다르다는 사고와 논리에 기반을 두고 공통의 지향가치를 외면하고 있었는지도 모른다. 그러면서 그냥, 지금, 현재라는 상황에 안주하려고 하고, 스스로 자존감을 높이기보다는 때로는 숙명처럼 받아들이는 데 익숙해져 있는 것은 아닐까! KAIST의 가치가 높아질수록 그 높아진 가치를 당당히 향유 할 수 있는 권리가 있어야 하고, 그 권리를 마땅히 누리기 위해서는 KAIST의 지향가치에 적극적 자세로 동참해야 한다.

교수들은 존재가치를 입증하기 위해 학과평가라는 제도를 시행하고 세계 최고를 잣대로 자신이 속한 학과의 수준을 평가받는다. 또한, 개별적으로는 업적평가를 통해 교육, 연구, 봉사 등 다양한 분야의 기준을 토대로 끊임없이 자신의 역량을 입증해야 한다. 특히, 신임 교수들은 7년 이내에 영년직 심사를 통과하기 위해 불철주야 자신의 업적을 축적하고 스스로 세계적인 가치가 있음을 증명해야 한다.

이러한 사실은 직원들도 이미 알고 있다. 물론 당사자가 아니니 피상적으로만 느낄 수 있을 것이다. 그러나 교수이기 때문에 마땅히 그래야 한다고 당위성을 부여하고, 직원은 다르다고 생각하는 것은 경계해야 한다. 자기 편향성 사고가 깊어질수록 행정의 가치가 인정받고 존중받기보다는 오히려 자존감이 낮아지고 스스로의 발전을 저해할 것이기 때문이다.

이제 우리 행정과 직원들도 당당히 KAIST의 지향가치에 동참하고 그 존재가치를 증명해야 한다. 누가 강요해서도 아닌 우리 스스로 인식하고 선배·후배·동료가 이끌고 밀어주며 함께 만들어가야 한다.

KAIST 구성원의 주체로서 권리를 누리고 향유하기 위해서는 주변인과 방관자의 수동적인 사고와 자세에서 벗어나야 한다. 우리의 의무를 당위적으로 받아들이고 함께 노력해나갈 때 우리의 가치가 인정받고 존중받을 것이며 권익이 신장될 것이다.

이는 궁극적으로 KAIST의 발전이 행정과 직원의 발전으로 연결되고, 행정과 직원의 발전이 KAIST의 발전으로 연결되는 선순환의 KAIST 생태계를 만들어갈 것이다.

03 행정 선진화는 이미 꿈틀거리고 있었다

행정 선진화라는 화두는 2017년 11월 1일에 김기한 행정처장이 임명된 후 2017년 12월 30일에 이메일을 통해 직원들에게 새해 인사를 하면서 시작됐다. 김기한 행정처장은 2018년을 '행정 선진화의 원년'으로 만들고 싶다는 목표를 제시했다. 이후 이를 공식적으로 추진하기 위해 행정선진화추진위원회의 운영을 직원사회에 알리면서 직원들의 자발적인 참여를 통해 2018년 4월에 위원회를 구성하고 분과별 활동이 본격화됐다.

KAIST가 추진하는 행정 선진화는 갑작스러운 것이 아니다. 오래전부터 행정발전을 위한 다양한 노력이 있었다. 때로는 공식적으로 추진체계를 갖추고 시도되기도 했고 개별적으로 행정발전에 대한 비전과 의지로 추진된 것도 있다. 겉으로 드러내지는 않았지만, 행정직원의 역할에 대한 분명한 소명감과 인식으로 각자의 업무현장에서 헌신적으로 노력해 온 많은 직원들이 태생의 출발점이었다.

이들이 지향해왔던 공통점은 행정이 단순한 관리·집행의 영역에 머물지 않고 고도의 전문성을 갖춘 전문가 집단으로 발전해야 한다는 것이다. 교육과 연구와 더불어 행정도 KAIST 발전의 중요한 핵심요소의 하나이고, 이를 위해서는 직원들의 인식이 변화하고 스스로 역량을 강화해야 함을 이야기하고 있다.

이번 행정 선진화의 추진은 2017년 4월에 잠정조직으로 출범하였던 미래전략실[18]과도 깊은 연계성이 있다. 미래전략실은 신성철 총장이 추진하는 'KAIST 비전 2031'을 뒷받침하면서 행정의 발전을 위한 몇 가지 새롭고 도전적인 시도를 했다.

우선 'KAIST 비전 2031'을 통한 교육·연구·국제화 등의 변화와 연계하여 미래지향적인 행정의 변화 방향을 다양한 시각에서 공유하고자 2017년 9월에 "미래 행정 공감 포럼"을 시작했다. 포럼에서는 교직원·학생·전문가 등을 다양하게 초빙·활용하여 발표·토론을 진행하면서 행정의 변화 방향에 대한 공감대를 형성해나갔다.

미래 행정 공감 포럼은 이후 2018년 3월에 개최된 KAIST 비전 2031 선포식 행사와 연계해 '글로벌 대학행정포럼'으로 확대·발전했다. 글로벌 대학행정포럼은 국내에서 최초로 행정이 중심이 되어 세계 저명대학과 교류·협력의 새로운 문화를 만드는 시발점이다. 글로벌 대

---

18) 미래전략실은 KAIST 비전 2031의 수립을 뒷받침하기 위해 2017년 4월 1일부로 대외부총장 산하에 잠정조직으로 설치되었으며, 방진섭 행정부장이 미래전략실장을 겸직하였다. 이후 비전 2031의 수립이 완료되면서 조직운영의 합리화를 위해 2018년 7월 31일부로 폐지되었다.

학행정포럼에는 한국의 KAIST, 미국의 조지아공대, 유럽의 덴마크공대, 일본의 교토대학 행정가들이 참석하여 주제발표와 함께 KAIST 직원들과의 패널 토의를 통해 행정발전에 대한 경험과 생각을 토론하고 공유하는 기회가 됐다.

또한, 학내의 다양한 현안과 개선방안을 구성원과의 공감을 통해 발굴·마련하는 환경을 조성하여 행정의 전문적인 역량을 강화하고자 2017년 9월에 '선진행정 정책연구과제 시범사업'을 실시했다. 정책연구 시범사업은 직원이 중심이 되어 연구팀을 구성하고 현안에 대한 조사·연구와 정책 방향을 제안하는 형태로 진행하였다. 시범사업에서는 '학부 리더십 강화'와 '대학경영 선진화를 위한 직원 직무성과급제 도입 및 인사제도 개선방안' 등 2개 과제가 선정되어 정책연구를 수행했다.

2018년 4월에는 행정의 핵심 중간관리자로서 팀장의 역할에 대한 인식을 공유하기 위해 '팀장 리더십 세미나'를 시작했다. 팀장 리더십 세미나는 부서운영에 대한 다양한 경험과 상황을 발표·토론하면서 바람직한 조직운영과 관리에 대한 인식을 제고하는 데 목적을 두었다. 특히, 자신만의 리더십에 대한 자각과 정립을 통해 소통·협력·갈등관리의 핵심 주체로서 미래 행정발전을 위한 공감대를 형성하고자 했다.

행정 선진화는 이전부터 다양하게 시도하고 노력했던 이러한 방향과 전략을 승계하고 있다. 지난 2011년에 행정발전위원회를 운영[19]하

19] 2011년에 운영하였던 행정발전위원회는 당시 이용훈 교학부총장의 제안으로 이루어졌다.

며 마련했던 다양한 방안들을 재검토하여 현재 시점에서도 유효한 방안들을 수용하고 있다. 과거와의 단절이 아니라 과거의 시도와 노력을 승계하면서 행정의 미래와 연계해나가고자 하는 것이다. 이러한 과거-현재-미래의 연계는 자연스럽게 행정과 직원사회에 선배-후배-동료를 연계하는 바람직한 문화를 만들어가는 역할도 수행하게 될 것이다.

29명의 직원이 위원으로 참여하였고 장재석 산학협력단장이 위원장으로 임명되었다. 위원회 산하에 기획·연구, 인사·조직, 교학, IT, 인프라의 5개의 소위를 운영하였으며, 2011년 12월부터 2012년 12월까지 집중적으로 활동하였다.

04 행정 선진화는 자기 진화형 행정생태계

KAIST가 추구하는 행정 선진화의 모델은 '자기 진화형 행정생태계[20]'를 구축하는 것이다. 자기 진화형 행정생태계는 변화되는 환경에 스스로 적응하고 자기혁신을 통해 역량을 강화하며 미래를 선제적으로 준비하는 행정이다. 누군가에 의한 강요와 외부의 힘에 의한 수동적인 변화가 아니다. 오히려 행정 스스로가 환경 변화에 적응하면서 미래를 위한 역량을 준비하고 대응해나가자는 적극적인 자세와 태도를 이야기하고 있다.

---

20) '자기 진화형 행정생태계'라는 용어는 사전적인 의미가 아니며 KAIST에서 추구하고자 하는 독창적인 행정발전 모델이다.

KAIST가 추구하는
자기진화형 행정생태계
변화되는 환경에 스스로 적응하고
자기혁신을 통해 역량을 강화하며
미래를 선제적으로 준비하는 행정

그럼 '자기 진화형 행정생태계'라는 용어에 담긴 단어들의 의미를 보다 자세하게 살펴보자. 우선 '자기'는 작게는 행정을 수행하는 직원 개개인을 의미한다. 직원 한 명 한 명의 행정발전을 위한 노력과 자세가 매우 중요하다는 것이다. 또한 '자기'는 직원 개개인을 넘어 부서 단위의 조직이나 집단 그리고 크게는 행정과 직원 전체를 하나의 단위개념으로 의미하기도 한다. 이것은 직원이 소속 조직이나 집단 그리고 하나의 직원사회에 대한 공동체 인식을 가지고 함께 행정발전을 위해 참여하고 노력해나가야 한다는 것이다.

다음은 '진화'라는 용어이다. '진화'의 사전적인 의미는 '일이나 사물 따위가 점점 발달하여 감'이다. 또한, 생물학적으로는 '생물이 생명의 기원 이후부터 점진적으로 변해 가는 현상'을 의미한다. 자연사적으로 보면 진화는 환경 변화에 잘 적응하여 살아남아 생존하고 있음을 의미하기도 한다. 아무리 뛰어난 힘과 능력을 가지고 있어도 환경에 가장 잘 적응하는 생물이나 집단이 살아남는다는 적자생존의 법칙은 변화되는 환경에 적응하는 것이 얼마나 중요한지를 이야기한다. 이러한 측면에서 행정도 변화되는 환경에 적응해나가야 한다는 것이고 환경 변화에 적응하는 것은 선택이 아니라 생존을 위해 필수적이라는 전제다.

다음은 '행정'이다. 일반적으로 행정이라 하면, 법 아래에서 법의 규제를 받으면서 국가 목적 또는 공익을 실현하기 위해 행하는 능동적이고 적극적인 국가 작용으로 정부의 행정, 즉 공공행정에만 국한된 개념이다. 그러나 넓은 의미의 행정은 '고도의 합리성을 지닌 협동적 인간 노력의 한 형태'라고 정의[21]하고 있다. 이러한 행정의 영역은 정책부터 조직, 재정, 인사, 정보, 사무 등을 포괄한다. 따라서 행정은 단순한 집행·관리만을 의미하지 않으며 고도의 전문성과 복잡성을 가진 전문분야로 이해되어야 한다.

---

21) [네이버 지식백과] 행정[行政, administration] (이해하기 쉽게 쓴 행정학 용어사전)

마지막으로 '생태계'는 '서로 영향을 주고받으며 살아갈 뿐 아니라 주위 환경과도 영향을 주고받으며 살아감'을 의미한다. 즉, 상호작용이 활발하게 이루어지는 환경이라는 것이다. KAIST에서의 행정은 내부적으로는 교수, 학생, 직원사회와의 끊임없는 상호작용 속에서 업무수행이 이루어진다. 아울러 외부적으로는 정부와 국회, 유관기관, 산학연, 학부모, 이해관계자 등 무수히 많은 주위 환경과도 상호작용이 이루어진다. 이러한 생태계에서 행정이 충분한 역량을 발휘하고 지속적인 발전을 이루기 위해서는 긍정적인 상호작용의 선순환 생태계를 만들어가기 위한 노력이 필요하다. 직원 사이에 서로 격려하고 응원하는 긍정적인 상호작용은 행정의 선순환 생태계를 자극하여 직원사회가 발전해 나가는 환경을 만들어 준다.

이처럼 KAIST가 추구하는 '자기 진화형 행정생태계'는 나름의 가치와 의미를 내포하고 있다. 주체적이며 자발적으로 환경 변화에 대응하고 적응하면서 미래를 선제적으로 준비해나간다는 함축된 뜻이 KAIST가 지향하는 '선도'와 '최고'의 가치를 행정이 구현해나가는 모습이다.

05 행정 선진화는 모든 구성원이 주체

행정은 직원이 주체이자 대상이지만 가장 큰 행정의 대상은 교수와 학생이다. 따라서 직원에 의한 직원을 위한 직원만의 행정 선진화는 올바른 방향이 될 수가 없다. KAIST처럼 세계적인 대학들과 경쟁하는 환경에서는 행정의 범위와 대상이 일반대학보다 훨씬 넓고 복잡하며 다양하다. 직원만이 아니라 교수와 학생 등 모든 구성원이 행정 선진화의 주체로 참여하며 응원하고 지지하는 것이 절대적으로 필요하다.

직원사회의 자발적이고 적극적인 참여와 응원은 행정 선진화의 든든한 기반이다. 왜 일을 만드는지 모르겠네, 제대로 될까, 누가 참여하겠어, 잘 되나 보자 등의 냉소주의와 방관자적인 자세에서 벗어나 행정의 당당한 주체로서 함께 참여하여 만들어가야 한다.

KAIST 행정은 일반대학과는 다른 환경이고 나름의 차별적인 경쟁력을 지니고 있다. 일반대학들은 생존의 차원에서 학교운영이 이루어질 만큼 절박하기에 환경 변화에 신속하게 적응하며 발전하고 있다. KAIST 행정이 비교우위를 지속하고 차별화된 특별함을 강화하며 발전하기 위해서는 지금보다 더 많은 노력과 도전이 있어야 한다.

KAIST 행정이 일반대학과 다른 특별함은 무엇일까? 먼저 현장 밀착형 근접 행정지원이 이루어진다는 것이다. KAIST에서는 학과 사무실에 가면 거의 모든 것이 해결된다. 학과 사무실에 정규인력이 충분히 배치되어 교수와 학생들을 위한 지원업무를 안정적으로 수행하고 있기 때문이다. 일반대학에서 주로 대학원생들이 조교로서 학과 업무를 수행하는 것과는 근본적으로 지원환경이 다르다.

교수들은 신규임용 후 정착과정에서부터 연구수행과 수업, 학생·
논문지도 등 모든 업무를 학과 사무실에서 근접 지원하므로 교수들
은 본연의 업무인 교육과 연구 활동에 집중할 수 있다. 학생들도 수강
신청과 관리, 휴·복학, 졸업 사정 등 학사와 관련된 모든 업무를 학
과 사무실에서 지원하고 있다. 학생들에게 일방적으로 안내만 하는 지
원업무가 아니라 학생 한 명 한 명에게 개별적으로 메일과 문자, 통화
등을 통해 일대일 맞춤형 지원이 이루어지고 있다고 해도 과언이 아닐
정도다.

교육과 연구가 집중해서 이루어지고 학과를 중심으로 하는 현장 중
심의 인력운용과 지원시스템은 교수와 학생들의 경쟁력을 강화하는
기반이다[22]. 이 시스템은 더 나아가 치열한 연구와 경쟁적인 학업에
힘들고 지친 교수와 학생들의 감정과 마음까지도 어루만져줄 수 있는
배려와 지원역할까지 확대해 나가는 것을 목표로 한다[23].

KAIST 행정은 24시간 캠퍼스 환경을 위한 지원시스템으로 운영된
다. 국내에서 최초로 운영 중인 '캠퍼스 폴리스 제도'는 24시간 안전한
캠퍼스를 구현하고 있다. 언제 어디에서 어떤 일이 발생하더라도 캠퍼
스 폴리스는 즉시 출동하여 신속하게 사고나 문제들을 해결하고 관련

---

22) 일반대학에 비해 KAIST의 정규 행정인력 비중이 높은 편이다. 일반대학의 경우 학과에
는 조교 등이 행정업무를 수행하나 KAIST에서는 모든 학과에서 정규인력이 행정업무를
수행한다.

23) 인권·상담 등 휴먼 서비스에 대한 업무영역이 확장되면서 직원의 전문성이 강조되고 집
행·관리 중심의 역할에서 인권·윤리센터, 상담센터 등으로 대상이 확대되고 있다.

부서와 연결해준다. KAIST는 대부분의 학생이 캠퍼스 내에서 기숙사 생활을 하고, 연구실에서 늦은 시간까지 학업과 연구 활동을 위해 시간을 보내기 때문에 그에 상응하는 더 많은 행정의 지원과 역할이 요구된다. 따라서 행정 선진화의 실질적인 혜택은 교수와 학생들에게 돌아간다고 볼 수 있다.

교수협의회에서 2018년 11월에 실시한 설문조사에서 행정부서 직원과 이들을 통해 받는 지원에 대한 교수사회의 만족도[24]를 보면 학과·학부의 직원과 이들을 통해 받는 지원에 대해서는 만족이 50%, 불만족이 21%로 긍정적인 의견이 부정적인 의견을 앞섰다. 그러나 본부의 직원과 이들을 통해 받는 지원에 대해서는 만족이 23%, 불만족이 48%로 부정적인 의견이 앞서는 것으로 나타났다. 이는 KAIST의 현장 밀착형 근접 행정지원에 대해 교수사회가 만족하고 있음을 보여주고 있다. 다만, 본부의 행정에 대해서는 만족스럽지 못하다고 생각하고 있어 행정 선진화를 위한 보다 적극적인 노력이 필요함을 말해주고 있다.

---

24) 교수협의회에서 2018년 11월 14일부터 21일까지 신성철 총장에 대한 중간평가를 진행했다. 중간평가는 포털 사이트 온라인 설문조사를 통해 실시하였으며, 교수협의회 회원 가운데 연구연가 또는 장기 해외파견 중인 회원을 제외한 재적 회원의 42.4%인 전임교원 221명이 참여하였다.

06 행정 선진화는 계속되어야 한다

행정 선진화는 어느 특정 시기에만 추진되거나 종료되는 한시적인 정책과 사업이 아니다. 행정을 둘러싼 환경은 끊임없이 변화되어왔고 앞으로도 변화될 것이기 때문이다. 이전의 대학은 조용히 예술을 사랑하는 태도나 현실 도피적인 학구 태도를 이르는 말인 '상아탑'이라는 표현에서 알 수 있듯이 세상의 변화와는 동떨어진 세계에 있었다. 그리고 전통적으로 대학에서 교무, 학생, 연구, 기획 등이 행정의 주요 영역을 차지해 왔다.

그러나 이제는 대학들이 산업과 얼마나 긴밀하게 연계되고 있고 사회현상과 문제에 얼마나 관심을 기울이고 있는지가 대학의 중요한 역할이자 수준을 가늠할 척도가 되고 있다. 이러한 시대의 흐름과 환경 변화에 따라 새롭게 전략, 산학협력, 진로, 상담, 인권, 문화 등의 분야로 행정 영역이 확장되고 있다.

　인공지능, 사물 인터넷, 빅데이터, 모바일 등 첨단 정보통신기술이 경제·사회 전반에 융합되어 혁신적인 변화가 나타나는 4차 산업혁명 시대는 행정의 또 다른 변화를 요구하고 있다. 정보통신기술의 발전은 데이터의 폭발적인 증가와 데이터의 수집·가공·분석 능력을 크게 증대시켰다. 이러한 데이터의 폭발적 증가와 분석기술의 발전에 따라 행정서비스도 데이터를 통한 새로운 가치와 가능성에 집중해야 마땅하다.

　각종 정책 결정 및 집행 과정에 있어 빅데이터, 인공지능과 같은 과학적 데이터 분석 기법을 활용하여 과학적 근거에 기초한 행정을 구현하기 위한 노력이 요구되고 있는 것이다. 빅데이터 기반의 과학 행정을 통하여 행정의 비효율성을 개선하고 정책 실패 방지함으로써 의사결정의 합리성을 제고할 수 있다. 아울러 정책 결정과 집행 과정에서의 갈등 해결, 행정과정에서의 구성원의 의사 반영을 통한 민주성, 정당성 확보에 기여할 수 있다.

앞으로의 사회변화를 정확하게 예측할 수는 없다. 세상은 변화해 갈 것이고 대학도 시대 환경에 따라 변화해 갈 것이다. 변화되는 환경에 따라 행정에 대한 수요도 변화하고 이에 대응하여 행정도 변화해가야 한다.

행정 선진화는 갑작스러운 것이 아니라 '행정발전', '행정혁신', '리엔지니어링', '경영진단' 등 용어와 표현은 달랐지만, 이전부터 꾸준히 거론되어왔다. 따라서 이번 행정 선진화는 그동안 공들였던 정신과 가치를 승계·발전시키고, 미래의 후배들에게 선배들이 추구해왔던 가치와 노력을 보다 발전시키도록 하는 메시지이다. 행정 선진화는 완성되는 것이 아니라 미완성의 상태로 완성을 향하여 끝이 없는 길을 계속해서 걸어가는 진행형이다.

Chapter 4

행정 선진화는
무엇인가

01 비전
: '혁신을 선도하는 최고의 글로벌 행정'을 구현하자

KAIST가 추진하는 행정 선진화는 무엇인가. 기존의 행정 선진화와 무엇이 다른가. 그래서 다른 대학과 기관이 추진하는 행정개혁이나 행정혁신과는 어떻게 차별화되는 것인가.

KAIST의 행정 선진화는 '선도, 최고, 글로벌'이라는 KAIST의 지향점을 이어받는다. KAIST의 지향가치에 행정이 답을 하는 것이다. 과거 행정의 가치를 무관심하게 인식했다면, 이제는 KAIST가 추구하는 가치에 더불어 참여하고 KAIST 발전의 당당한 주체로서 소임과 역할을 적극적으로 수행해야 한다.

이러한 이념을 토대로 우리는 KAIST 행정 선진화가 지향하는 비전을 '혁신을 선도하는 최고의 글로벌 행정'으로 선포한다.

'혁신'은 KAIST의 핵심 DNA로 KAIST의 존재의미이다. KAIST는 혁신을 기반으로 성장·발전하여 왔으며, 이미 세계 최고의 혁신대학으로 인정받고 있다. 이러한 혁신은 교육과 연구의 혁신뿐만 아니라 행정의 혁신에도 마땅히 적용되고 추구해야 한다.

비전 **혁신을 선도하는 최고의 글로벌 행정**

목표
가치
창의 / 대안을 제시하는 창의적인 행정
도전 / 새로운 길을 탐색하는 도전적인 행정
배려 / 고객이 감동하는 배려하는 행정

추진
전략
자율성 / 개방성 / 책임성

추진
방법
인사제도 / 역량강화 / 업무환경 / 조직문화

　'선도'와 '최고'의 가치는 KAIST가 지금까지 추구해 왔고, 이를 기반으로 국가 산업발전에 필요한 고급 과학기술 인재의 양성과 연구를 성공적으로 달성하여 왔듯이 행정도 KAIST를 넘어 대학 전반의 행정을 선도하기 위해 최고의 역량을 갖출 시점이라는 사실이다.

　'글로벌'은 KAIST가 추구하는 새로운 가치이다. 지금까지 선진대학들을 쫓아가며 성장·발전했다면 이제는 글로벌 가치를 창출하는 선도대학으로 도약하자는 것이다. 이것은 행정에게 글로벌이라는 새로운 도전적인 가치를 부여한다. 글로벌 가치 창출은 궁극적으로 글로벌 행정이 뒷받침할 수 있기 때문이다.

02 목표와 가치
: '창의', '도전', '배려'의 가치를 실천하라

'혁신을 선도하는 최고의 글로벌 행정'이라는 비전을 구현하기 위한 목표와 핵심가치는 무엇인가. KAIST의 핵심가치인 '창의', '도전', '배려'를 실천하는 행정을 만드는 것이다.

교수 영원히 통제 받지 않는 자유인
- 규정이 뭐야! – 자기중심적, 탈규범적, 목적지향적
- 내가 주인이지! – 존중의식 필요, 모두가 총장

학생 알아서 해주기를 바라는 의존인
- 몰랐어요! – 자기주장적, 의존적인 자세
- 우리가 주인이지! – 사회의식 필요, 학교의 주인은 학생

직원 절차와 규정에 집착하는 통제인
- 안됩니다! – 규범중심적, 절차지향적, 소극적인 자세
- 우리는 이방인! – 주체의식 필요, 행정 스스로 발목

첫째, '대안을 제시하는 창의적인 행정'을 이루는 것이다. 관행적이고 절차와 규정에 매몰된 통제지향의 행정에서 벗어나 문제해결을 위한 대안을 제시하고 만들어가는 행정이 되어야 한다. '안됩니다.'와 같은 규범 지향적이고 절차 지향적인 소극적인 행정에서 벗어나 '이렇게 해보면 어떨까요.'와 같이 해결방안을 함께 모색하고 대안을 찾아 제시하는 적극적이고 창의적인 행정으로 변화해야 마땅하다.

둘째, '새로운 길을 탐색하는 도전적인 행정'을 만드는 것이다. 예전에는 어떻게 했는지, 다른 대학은 어떻게 하고 있는지를 검토하는 행정이 아니라 KAIST의 지향가치를 판단의 기준으로 삼는다. 어느 누구도 가지 않은 새로운 길을 찾아가는 창의적인 행정이 되어야 한다. 정책과 제도의 판단기준이 다른 누군가가 어떻게 하고 있는지가 아니라 KAIST의 가치를 가장 잘 추구하고 KAIST의 환경에 가장 적합한 최적의 길을 탐색하는 행정으로 변화해야 한다.

셋째, '고객이 감동하는 배려하는 행정'을 만드는 것이다. 교수, 학생, 직원뿐만 아니라 행정과 접촉하는 내·외부의 모든 구성원들을 감동케 하는 만족하는 행정이 되어야 한다. 업무를 수행하는 자신의 관점에서 벗어나 업무의 대상인 고객의 입장과 관점에서 이해하고 배려하는 행정을 싹 틔우고 가꾸어나가야 한다.

03 추진전략
: 스스로가 길을 찾게 하라

행정 선진화의 비전과 목표와 가치를 어떻게 이루어 나갈 것인가. 이에 대한 추진방향의 핵심은 스스로가 답을 찾고 길을 만들어가게 해보자는 세 가지 전략이다.

첫째는 자율성이다. 총장이나 경영진의 요구에 따라 어쩔 수 없이 추진하는 것이 아니라 행정 스스로가 새로운 가치지향을 뛰는 자율추진이어야 한다. 이를 위해 행정선진화추진위원회는 직원들의 자발적인 참여와 추천을 통해 구성하고 운영의 자율성을 최대한 보장하는 방식으로 진행했다.

둘째는 개방성이다. 행정 선진화는 추진위원회와 위원만이 참여하는 것이 아니라 모든 직원이 자유롭게 생각과 의견을 개진할 수 있어야 한다. 이를 위해 직원들을 대상으로 행정 선진화에 대한 설문조사를 실시하고, 미래 행정 공감 포럼을 통해 전체 직원을 대상으로 분과별 설명회를 실시하면서 끊임없이 소통하는 전략을 내세웠다.

셋째는 책임성이다. 행정 선진화는 막연히 내뱉는 선언적인 것이 아니라 향후 실천을 통해 이를 구현할 수 있어야 한다는 사명감에서 출발했다. 이를 위해 행정 선진화가 제시하는 내용을 공개적으로 공표하는 것이다. 책자를 통한 공표는 자신과의 약속일뿐만 아니라 자신을 둘러싼 주변과 외부에도 실천을 다짐하는 책임이자 책무이다.

04 추진방법
: 분과별 활동으로 전문화하라

행정 선진화의 방안들을 어떻게 만들어갈 것인가. 이를 위해 분과별 활동을 통해 운영을 효율화하고 방안들을 전문화하기로 했다.

첫째, 인사제도 분과이다. 인사제도 분과는 구성원의 동기를 부여하는 공정한 인사시스템을 어떻게 구축할 것인지를 집중적으로 연구한다. 성과 중심의 투명한 인사고과시스템과 동기를 부여하는 객관적인 승진제도 구축, 직무에 따른 합리적인 보상시스템 등 인사제도와 관련된 현안들에 대한 해결방안과 미래지향적인 발전방안을 제시하게 된다.

둘째, 역량강화 분과이다. 글로벌 행정을 위한 전문성과 역량을 어떻게 확보할 것인지를 집중적으로 고민한다. 전문성 강화를 위한 직무분석과 전보 시스템, 전문역량 확보를 위한 교육제도 혁신과 글로벌 역량을 위한 선진대학과의 교류 등 역량강화를 위한 다양한 방안을 검토하고 제시한다.

셋째, 조직문화 분과이다. 소통과 화합의 배려하는 조직문화를 어떻게 조성하고 활동할 것인지를 집중적으로 분석해 대안을 내놓는다. 구성원과의 소통과 문화를 공유하기 위한 플랫폼 구축, 행정의 경험과 노하우를 공유하기 위한 포럼, 부서 간 협력 문화 활성화를 위한 방안 등 공동체를 결속시켜주고 일체 의식과 조직에 대한 몰입도를 높이는 새로운 문화를 추구한다.

넷째, 업무환경 분과이다. 미래 환경 변화에 대응하고 선도하는 행정기반을 어떻게 만들어갈 것인지를 집중적으로 고민하도록 한다. 지능정보 스마트 행정을 구현하기 위한 물리적인 업무환경 개선과 업무 공유 및 지식관리시스템, 변화에 대응하는 유연한 행정을 위한 직무체계 개선과 미래 대응전략 수립 등을 통해 세계 최고의 스마트 행정을 모색한다.

Chapter **5**

인사제도

: 너와 나, 우리 함께 가자

01 추진방향
: 결국 사람이 답이다

KAIST 직원 인사제도는 정부의 인력 운용 방향이나 내부 조직구조 개편 등 내·외부 환경 변화에 따라 그동안 다양한 모습으로 발전해왔다. 그 과정에서 주목할 만한 성과를 거두기도 하고 애초 의도와의 다른 부작용을 경험하기도 하면서 KAIST의 고유한 조직문화에 적합한 인사제도 도입의 필요성을 통감하게 되었다.

행정, 기술, 연구 등 다양한 직급·직군의 사람들이 모여 과거와 현재의 인사제도를 두고 토론하는 과정을 통해 새로운 생각과 정보를 공유하게 되면서 결국 구성원이 모두 즐겁게 일하는 조직이 되기 위한 KAIST만의 인사제도는 무엇인가에 대한 답을 찾는 노력으로 이어지게 되었다.

최근 수많은 조직이 '인재전쟁[25]'이라 불릴 만큼 인재 발굴에 아낌없는 시간과 노력을 쏟고 있는 것은 조직의 성패가 결국 사람에 달려있다는 인식 때문이다. 오랜 시간 많은 예산을 투자하여 사람을 변화시키려는 노력보다 는 어쩌면 훌륭한 태도를 지닌 인재를 엄선하기 위한 노력이 조금 더 효율적인 선택일지도 모른다.

하지만 철저한 검증 절차를 거쳐 선발된 인재들 또한 예상치 못한 상황과 환경에서 다양한 사람들과 함께 부딪히며 일하는 곳이 조직이다. 결국, 조직은 조금 더 나은 조직이 되기 위해 구성원들을 변화시킬 수 있다는 믿음을 가지고 다양한 제도를 만들어내게 되는 곳이다.

그리고 인사제도는 변화를 이끌어내기 위한 가장 핵심적인 축이다. 결국은 사람이 답이라는 믿음 아래 구성원들이 함께 배우며 일하는 인사제도, 그것이 KAIST 인사제도가 추구하는 인사제도이다.

---

25) 전 세계에 있는 각 기업들이 각기 자사의 기업 상황에 맞는 차별화되고 경쟁력 있는 인재 확보전략을 일관되게 전개하고 있는 현상을 의미한다.

02 추진목표
: 조직과 인력 운영을 효율화하라

인사제도는 조직과 분리해서 존재할 수가 없다. 조직과 인사는 하나의 방향으로 정렬되어 설계되고 운영되어야 한다. 따라서 조직과 인력에 대한 효율적인 운영 프레임을 구축하는 과정이 선행되어야 한다. 그 어느 때보다 빠르게 변화하는 지금의 현실에서 조직과 인력의 효율적인 운영은 경쟁력 있는 기관운영을 위해 필수적인 요소인 것이다.

조직과 인력의 효율적인 운영을 위해 우리는 무엇을 해야 할까? 무엇보다 자율과 책임을 존중하고 인정하는 조직구조로 변화해야 한다. 업무환경과 수행 업무의 변화에 따라 조직과 인력의 적절한 대응이 필요하나 조직이 팀 단위로 세분되어 유연한 조직운영에 어려움이 발생하고 이는 환경 변화에 신속하게 대응하기가 어렵게 만들고 있기 때문이다.

이를 위해 우선 하위 조직에 대한 설치·운영 권한을 상위 조직의 장에게 부여하여 하위 조직운영의 자율성과 유연성을 강화해야 한다. 총장은 하위 조직에 대한 기준만을 제시하고 그 기준에 따라 상위 조직의 장이 직무에 따라 하위 조직을 설계할 수 있도록 하는 것이다.

인력의 경우 상위 조직 단위로 인력 풀(Pool)을 설정할 수 있도록 하고, 하위 조직은 상위 조직의 장이 하위 조직설계와 연계하여 인력을 운영할 수 있도록 권한을 부여하는 것이다.

인사평가의 경우 상위 조직 단위로 실질적인 최종평가가 이루어질 수 있도록 권한을 부여한다. 이를 통해 조직 단위에 따라 평가의 투명성과 공정을 강화토록 하고 평가에 대한 책임을 지도록 하는 것이다.

기준제시(경영진)	관련 부서 협의	운영설계(상위부서장)	조직 인력 부서 협의	확정시행(경영진)
· 조직설치 기준 · 인력운영 기준 · 인사평가 기준		· 하위조직 직무 · 하위조직 인력 · 인사평가 적용		· 조직(직무) 확정 · 인력(소속) 확정 · 인사평가 확정

이러한 조직과 인력 운영의 효율화는 조직별·개인별 직무의 편중과 차이를 자율적으로 조정·해소할 수 있어 직무의 형평성이 더욱 강화될 수 있다. 또한, 하위 조직 단위로 세분하여 배치되는 것에 따른 인력 운영의 폐쇄성과 한계를 극복하고 인력을 보다 유연하고 신축성 있게 운영할 수 있다. 그리고 궁극적으로는 이러한 시스템을 통해 조직 내부의 소통과 책임운영을 강화하여 기관의 지속적인 경쟁력을 확보할 수 있을 것이다.

03 추진전략
: 분수 이론을 완성하라

    인사제도의 핵심은 조직 구성원을 채용에서부터 퇴직까지의 전 과정에서 어떻게 조직목표 달성과 개인의 발전을 위해 효과적으로 관리하고 운영할 것인가의 문제로 귀결된다. 우수 인재를 선발해서 적재적소에 배치하고 이를 통해 조직의 성과를 극대화하며 개인의 능력을 최대한 발휘토록 하는 인사제도는 모든 조직이 추구하는 목표이기도 하다.

    그렇다면 어떻게 해야 해답을 찾을 수 있을까. 오랜 기간 운영해온 제도를 바꾸는 일은 결코 쉬운 것이 아니다. 그러나 인사제도의 큰 방향과 목표를 가지고 이론적인 개념을 정립하여 세부적인 제도를 설계하고 운영해 나가는 것은 매우 중요하다. 지향하고 추구하는 방향과 목표가 체계적으로 정립되지 못한 상태에서 세부적인 제도를 모색하는 것은 '장님이 코끼리를 만지는 것'과 같기 때문이다.

KAIST가 추구하는 인사제도의 목표는 '분수 이론'을 완성하는 것이다. 분수 이론은 어디에 개념화되어있거나 정의되어있는 것은 아니다. KAIST가 독자적으로 이론화하고 개념화한 것이다. 분수 이론의 핵심은 구성원들이 최대한의 능력을 발휘할 수 있도록 적재적소에 배치하고 성과 향상과 새로운 역할을 부여하는 합리적인 평가·승진 과정 그리고 퇴직까지의 생애주기에 따른 맞춤형 교육·훈련을 통해 인재를 육성하고 가치를 향상·순환시켜 나가는 개념이다.

《분수이론》은 채용된 신규인력이 본부조직에서 역량을 축적/강화하여 접점조직으로 확산하고 다시 교육/훈련을 통해 본부와 접점조직을 순환하는 인력운영방식이다. 이 과정에서 인사평가와 승진이 합리적으로 이루어지도록 한다.

분수 이론의 순환과정은 마치 분수대가 작동하는 원리와 같다.

먼저 깨끗한 물이 분수대에 공급되어야 하는 것처럼 조직에도 좋은 인재가 유입되어야 한다. 다음으로 분수대가 물을 압축하여 빨아올리듯 초기에 우수 직원들이 역량을 집중적으로 축적·강화할 수 있도록 본부조직에 배치하여야 한다. 이후 본부조직에서 함양된 역량을 기반으로 분수대가 빨아올린 물을 뿌리는 것처럼 인재들을 접점조직에 순환 배치하여 축적된 역량을 최대한 발휘할 수 있도록 하여야 하고 일정 기간이 지나면 변화되는 환경에 맞추어 맞춤형 교육·훈련을 받으며 다시 본부와 접점조직의 순환과정을 통해 조직과 개인의 성과와 역량이 조화롭게 발전되도록 하는 것이다.

아울러 이러한 순환과정에서 성과 창출을 촉진하는 평가방식을 운영하고, 합리적 승진제도 등을 통해 새로운 역할을 부여받음으로써 분수 이론이 목표지향적인 인사제도로 정착·완성될 수 있도록 하여야 한다.

04 추진방안

┃ 가. 인사고과 제도

① 변화방향 : 성과 향상을 촉진하게 하라

2015년 동아비즈니스리뷰 198호(2016년 4월 Issue1)[26]에 보도된 2015년 세계 70여 곳의 대표적 글로벌 기업의 성과관리 실태보고서 내용에 따르면, 글로벌 기업들의 직원 평가방식에 변화들이 나타나고 있다. 해당 기업들은 평가에 있어서 강제 등급 배분 혹은 상대평가 요소를 덜어내고 절대평가 방식으로 전환을 시도하고 있으며 연 단위 평가에서 벗어나 상시적으로 관찰하고 피드백하며 지속적으로 역량개발과 목표달성을 유도하는 '상시 평가 커뮤니케이션' 방식으로 변화하려고 한다.[27]

26] 동아비즈니스리뷰 198호(2016년 4월 Issue1) 글로벌 선도기업 변화 트렌드 매일매일 평가와 실질적 피드백, 창의적 조직을 위한 해법, 박형철 머서 한국법인대표

27] 2018 HR Professional File의 HR Trend(P.52), KPi 인사관리협회

구분	KAIST	Global Leading Company[27]
인사고과 목적	Ranking Decider (순위 매기기)	Performance Management (성과 향상 촉진)
Key Issues	누가 더 높은 평가를 받아야 하는가?	성과 향상을 위해 어떻게 육성하고 동기부여를 할 것인가?
활용	승진/성과급의 근거	승진/성과급의 근거 성과 향상을 위한 Feedback 및 Communication 자료
평가 방법	상대평가 (의사소통 단절/일방적 평가)	조직성과와 연계 지표 중심 쌍방향 소통을 통한 평가 수용성 증대
평가자 역할	Judge	Coach/Mentor/Counselor

　　글로벌 기업인 Adobe의 사례를 살펴보면, Adobe도 많은 기업들이 일반적으로 채택한 인사평가 제도인 '스택랭킹(Stack Ranking)'[28] 제도를 도입했었으나, 평가의 공정성에 대해 끊임없이 의심을 받았으며 이로 인해 구성원들의 사기 저하, 생산성 저하, 이직 등의 부작용을 겪었다. 이에 Adobe는 기존의 평가등급제를 폐지하고, 멘토링을 통해 관리자가 수시로 업무성과를 인정하고 격려하는 Check-in이라는 새로운 인사평가제도를 도입하였다. 세부적으로는 과거 인사평가제도의 문제점을 인식하고 등급제 폐지, 간소한 수시 평가, 관리자의 역할 강화

---

28) GE의 前CEO 잭 웰치(Jack Welch)로 인해 알려진 인사 평가제도로 '능력의 차이'에 중점을 두고 구성원들의 성과를 점수 또는 등급으로 환산해 평가하는 인사평가 방식. 2012년 기준 Fortune 500대 기업의 60%가 구성원 평가 제도로 활용하였으나, 2015년 기준 30개 이상의 기업이 성과평가 제도를 폐지하였다.

를 특징으로 하는 평가 목표를 수립하였다. 이를 통해 Adobe에서는 인사평가가 더 효과적이고 덜 복잡해졌다는 인식이 확산되었고, 평가를 위한 절차와 시간이 단축되어 인지적인 부담을 줄이고 성과 창출을 위한 노력에 보다 집중할 수 있게 되었다.

이외에도 KPi 인사관리협회에서 발간한 2018 HR Professional File의 HR Trend를 보면[29], 성과관리가 등급부여 중심에서 '협업'과 '육성' 중심으로 바뀌고 있으며, 단순히 순위매기기를 위한 평가에서 성과를 측정하는 Tool로 변화하고 있고, 나아가 성과 향상을 유도하는 전략적 도구로서 점차 발전하고 있다.

② 개선방안

가) 인사고과의 목적에 따라 이원화하라

현재 업적, 능력, 태도를 모두 평가하여 보상과 승진에 하나로 활용하는 인사고과 제도를 성과평가와 역량평가로 이원화해야 한다. 매년 인센티브 등의 단기 보상과 연계되는 성과평가는 업적, 능력, 태도의 3가지 항목으로 구성되었던 기존의 방식에서 업적으로만 100%로 평가함으로써 성과와 이에 따른 보상을 명확히 하는 방향으로 변화해야 한다. 그리고 역량평가는 업적 외에 능력과 태도를 모두 평가함으로써 새로운 역할을 부여받을 자격이 있는지를 검증하고 이를 승진심사에 활용함으로써 평가의 목적을 분명하게 할 필요가 있다.

---

29) 2018 HR Professional File의 HR Trend(P.52), KPi 인사관리협회

나) 평가자의 역할을 다시 정의하고 객관화하라

1차, 2차 평가자가 부여한 점수를 단순히 합계하는 현행 평가방식도 변화가 필요한 지점이다. 대부분 팀장급이 맡는 1차 평가자와 달리 2차 평가자는 직원들과 직접 접촉할 기회가 많지 않음에도 불구하고 다수 직원의 업적과 능력 등을 평가함에 따라 적절한 평가가 이루어지기 어려운 상황을 고려할 필요가 있다. 따라서 2차 평가의 경우에는 평가위원회를 구성하여 1차 평가자와 2차 평가자가 함께 모여서 평가하는 방식으로 변경하는 것이 바람직하다. 특히, 2차 평가자는 직원들 개인을 평가하기보다는 1차 평가자 부서의 성과를 평가하는 방식으로 운영해야 한다. 이외에도 1차 평가에 편견과 정실이 개입될 수 있는 부분을 보완하기 위하여 동료평가를 참고자료로 활용하는 것이 필요하다.

1차 평가자	2차 평가자
구성원의 목표를 함께 설정하고 목표달성을 위한 조언과 지원을 수시로 제공하는 지원자 역할	2차 평가위원회의 위원장으로서 부서별 특성 및 업무 난이도를 고려하여 부서를 평가하고 그 결과를 평가에 반영하는 최종 평가 조정위원장의 역할

다) 상시 성과관리를 위한 DB를 구축하라

연말에 일회성으로만 하는 성과평가를 탈피하여 성과가 연중 관리될 수 있도록 DB화하고, 직원들은 상시로 본인의 성과를 업로드할 수 있도록 해야 한다. 평가자는 평가를 위한 평가가 아니라 분기별로 성과에 대한 피드백을 주면서 직원들의 성과를 점검할 수 있도록 한다. 이를 통해 직원들의 지속적인 성장과 발전을 도모하고 직원 개개인이 기관의 목표달성과 연계될 수 있도록 유도하는 코칭 제도로 발전시키는 것이다.

라) 실질적 발전을 위해 고과 결과를 피드백하라

인사고과가 단순히 평가에서 끝나는 것이 아니라 직원들에게 개선할 점을 피드백하고 발전을 유도하도록 고과 평가 문항을 수정해야 한다. 기획창의력, 책임감 등의 항목에 대하여 10점 만점을 기준으로 단순히 점수를 기재하는 현재의 방식에서 행위기준 고과법(BARS, Behaviorally Anchored Rating Scale)[30] 형태의 설문 문항으로 고과를 실시하는 것이다. BARS는 기준이 명확하므로 신뢰성, 수용성을 확보할 수 있고 행동지표를 통해 평가자에게 피드백하기가 쉬워 피평가자도 쉽게 수용할 수 있다. 또한, 조직이 원하는 바람직한 행동을 제시하므로 성과 향상 및 업무개선 효과를 기대할 수 있다.

---

30) 인사평가 방법 중 하나인 행위기준 고과법은 실제행동을 관찰하여 평가하는 방법으로, 평정척도법과 중요사건기술법을 혼용하여 보다 정교하게 계량적으로 수정한 기법이다.

나. 승진 제도

① 변화방향 : 새로운 가치와 역할을 부여하라

최근 몇 년간 기업들에서 일어나는 변화를 보면 구성원의 직급 체계를 바꿔 조직혁신을 추구한 기업들이 늘고 있으며 그중 대부분은 직급단계를 축소[31]하고 있다. 직급단계 축소는 신속한 의사결정을 위한 것으로, 그만큼 경영환경이 빠르게 변화하고 있음을 보여준다.

구분	KAIST	Global Leading Company
승진목적	신분상승	새로운 역할 부여
예측가능성	예측가능성 낮음	예측가능성 높음
직급체계	직급단계가 최소화 되어 있음	직급단계 최소화 경향
직무가치부여	직무가치와 연계되지 못함	직무가치와 연계되는 경향

직급단계의 축소는 직급·승진의 가치가 약화 되었고 직급과 직책이 분리되어 운영된다는 의미이기도 하다. 따라서 직책의 역할이 종전보다 커지기에 직책에 대한 추가 보상을 지급하는 기업[32]들이 있다.

---

31) 2017년도에 삼성전자는 사원에서 부장까지 7단계를 CL1~CL4까지 4단계로 전격 혁신하였으며 LG전자는 5단계를 3단계로 혁신하였다. (CL : career level)

32) 2011년 롯데그룹이 40년간 유지했던 연공서열 인사제도를 폐지한다. 그동안 부장, 차장, 갑·을 과장, 대리, 사원 등 5단계로 나누던 직급 체계는 수석, 책임, 실무자 등 3단계로 간소화된다. 수석과 책임들 중에서 개인의 업무 능력과 자질에 따라 팀장과 매니저를 선발한다. 팀장과 매니저는 직책이 없는 수석이나 책임보다 최고 20% 정도 더 많이 받게 된다.

기업들에서 승진의 의미가 축소되는 것은 승진 제도의 방향이 과거 신분 상승(Moving Up)의 개념에서 새로운 역할과 가치를 부여하는 방향으로 변화하기 때문이다. 대학의 환경도 기업만큼 빠르게 변화하고 있고 신속한 의사결정이 필요한 상황이기에 기업들의 변화를 주의 깊게 살펴볼 필요가 있다.

② 개선방안

가) 직무별 특성을 반영하여 설계하라

행정직·기술직·연구직의 직군은 임무와 역할이 기본적으로 구분되어 있다. 행정직의 경우 일반적인 행정과 사무를 담당하고 있으며 주로 본부와 학사조직에 배치되어 업무를 수행하는 반면 기술직은 시설·사서·전산·장비 관리 등의 직무를 수행하며 연구직은 연구소와 연구센터 등에서 연구개발 업무를 수행하고 있다. 따라서 직군의 임무와 역할에 따른 특성과 차이를 반영하여 승진제도를 맞춤형으로 설계할 필요성이 있다.

나) 새로운 역량 가치를 부여하라

승진개념이 단순히 승급하는 수준의 신분 상승 개념이 아닌 책임급과 선임급으로서의 역량 가치를 부여하고 그에 맞는 호칭을 부여하는 방향으로 바뀌어야 한다. 원급→선임급→책임급의 직무 가치가 근속기간에 따라 정의되기보다는 역할에 따라 직무 가치가 부여되는 방향으로 변화되어야 직급의 지속가능성이 있다.

다) 역량평가가 승진에 반영되도록 하라

인사고과의 경우 현재 성과평가와 승진을 위한 역량평가가 혼재되어 있다. 따라서 인사고과를 개선하여 역량평가를 승진에 반영하는 것이 필요하다. 승진은 새로운 역량 가치를 부여하는 것임을 고려하여 업적 외에도 상위 직급자로서 능력과 태도를 종합적으로 검증하고 판단할 수 있도록 하여야 한다.

라) 교육·훈련 결과를 반영하라

승진은 단순한 근속개념으로 이루지는 것이 아니라 다양한 역량을 반영하는 것이어야 한다. 특히, 교육·훈련은 변화하는 업무환경과 미래의 행정수요에 대응하여 행정의 역량을 지속적으로 유지·강화하는 자기 진화형 행정생태계의 핵심적인 요소이다. 따라서 교육·훈련의 결과를 승진평가 항목에 반영하고 어학이나 리더십 교육 등은 Pass/Fail 방식으로 반영하는 방향으로 평가항목을 변경해야 한다.

마) 직급에 따라 선발방식을 차별화하라

책임급과 선임급의 선발방식을 직무 가치를 반영하여 차별화하는 것이 필요하다. 책임급의 경우에는 직원으로서 최고의 직급을 부여받는 것으로 단순한 승진 이상의 의미가 있다. 궁극적으로 책임급의 경우에는 부서장의 역할수행을 할 수 있어야 하며, 부서장의 역할을 수행하기 위해서는 업무역량 외에도 리더로서의 역량과 소통과 갈등 해결 역량 등 다양한 역량을 종합적으로 수행할 수 있어야 한다. 따라서

필요한 역량평가를 공정하고 투명하게 하기 위해 책임급의 경우 역량
평가위원회에서 선발하는 방식으로 하고, 선임급의 경우 역량점수가
되면 부서장의 추천방식이 아닌 자동승진 추천방식으로 제도를 변경
할 필요가 있다.

■ 실험정신이 돋보였던「팀장·직원 완전 공모제」

2009년에 인사제도에서 파격적인 실험이 시도되었다. 우선 부서장을 공
모하여 자격이 되는 사람이면 누구나 부서운영계획서를 작성하여 신청토
록 하였다. 상위 부서장은 신청한 부서운영계획서를 검토하여 적격자를
하위 부서장으로 선정한다. 상위 부서장이 자신과 함께 일할 수 있는 하위
보직자를 선택할 수 있도록 한 것이다.

여기에서 더 나아가 선정된 부서장을 공지하고 직원들이 근무할 부서를
신청토록 하였다. 직원이 본인의 적성이나 함께 근무하고 싶은 부서장을
자유롭게 선택할 수 있도록 한 것이다. 이러한 시도는 직원사회에 엄청난
반향을 일으켰다.

직원의 적성과 희망을 고려하여 부서장을 임명하고 부서를 배치함으로
써 최적의 인사와 조직운영을 도모코자 하였다. 나름대로 직원들의 의사
가 부서배치에 반영되는 측면에서는 효과적이었다. 그러나 특정부서를 선
호하고 격무부서가 발견되는 등 부작용도 나타났다. 이후 이 제도는 계속
시행되지 못하였지만, 도전과 실험정신의 KAIST에서 직원들도 끊임없이
도전하고 변화해야 한다는 긴장과 성찰의 기회가 되었다.

Chapter **6**

역량강화

: 전문성으로 다양성을 창출하라

01 추진방향
: 역량이 춤추게 하라

　KAIST에는 교육과 연구를 담당하는 교수보다 더 많은 수의 직원들이 일반사무, 시설, 연구 및 기술지원 등 다양한 분야에서 업무를 수행하고 있다. 직원들이 수행하는 업무 종류를 규정해 놓은 사무분장요령에 총 706가지의 업무가 기술되어 있는 점을 상기해 볼 때 직원들이 수행하는 업무의 종류가 얼마나 폭넓은지 쉽게 짐작할 수 있다.

　이렇게 다양한 업무를 수행하는 직원들은 자신의 전문성과 역량의 수준을 어느 정도로 인식하고 있을까? 대학의 교육, 연구 활동의 성과가 교수와 직원 간 협력을 통해 달성될 수 있다는 사실에 비춰보면 교수진의 학문적 수월성과 아울러 직원들의 업무성과 향상은 대학 발전을 위해 매우 중요한 요소가 아닐 수 없다. 행정선진화추진위원회에 역량강화 분과를 설치한 것도 직원들의 능력을 어떻게 끌어낼 것인가에 대한 장기적인 전략과 실행방안을 마련하기 위한 노력의 하나였다.

그러나 되돌아보면 직원의 역량을 강화하려는 그간의 노력은 장기적인 전략과 비전을 갖고 이뤄지기보다는 단발적으로 추진되는 경우가 많았고 대학의 성과 향상을 위해 중요한 요소로 인식되지 못한 경우도 많았다. 하지만 대학의 성과가 교수진이 수행하는 직접적인 교육·연구 활동 이외에 이를 가능케 하는 다양한 행정적·재정적·물적 지원이 뒷받침되어야 한다는 점을 생각할 때 직원들의 가지고 있는 능력을 업무 향상을 위해 어떻게 발현시킬 것인가는 대학 발전을 위해 지금의 대학 사회가 반드시 고민하고 답해야 할 내용이다.

이전 업무 관행에서 개선점을 찾아내고 업무의 성과를 높이기 위한 노력은 지금의 우리를 더욱더 우수하고 탁월한 인재로 변화시킬 수 있기 때문이다. 그것이 대학 사회의 일원으로서 우리가 갖춰야 할 자세이며 긍지이다. 변화의 길은 우리의 역량이 춤추게 함으로써 저절로 열릴 수 있다.

02 추진목표
: 선순환의 생태계를 구축하라

직장생활을 하다 보면 다른 직원들과 비교해 업무성과가 탁월한 사람들을 만나게 된다. 그들은 그동안 이루어져 왔던 일상적 업무성과를 크게 높이거나 일하는 방식을 획기적으로 변화시키며 때로는 기존에 존재하지 않았던 새로운 사업들을 발굴하여 남다른 결과를 만들어내기도 한다. 매일 이뤄지는 업무 현장 속에서 남들과 다른 생각과 행동으로 기존의 성과와는 다른 업적을 이뤄내는 직원들이 존재하는 것이다. 그들은 어떻게 남들과 다른 탁월한 성과를 만들어내는 것일까? 무엇이 그들이 남다른 성과를 낼 수 있도록 했을까?

그동안 KAIST에서 직원 성과 향상을 위한 다양한 노력이 이루어져 왔다. 그러나 우수한 성과자의 특성을 찾아내어 분석하고 이를 확산하기 위한 과학적이고 체계적인 시도는 이루어지지 못하였다. 대부분 배치부서의 특성과 상황에 따르거나 개인의 태도와 역량에 의존할 뿐이었다. 그러다 보니 전체적으로 직원들의 역량이 고르게 향상되기보다는 어떤 부서에서 어떤 일을 하고 있는지와 누구와 함께하고 있는지에 따라 역량의 편차가 생기거나 업무성과의 차이가 발생하곤 했다.

부서의 상황과 개인의 역량에만 의존하는 방법으로는 조직 전체의 역량을 향상하기 어렵다는 한계가 있다. 또한, 우수한 직원들이 더욱 과중한 업무환경에 내몰리게 하면서 궁극적으로는 에너지가 소진되는 상황에까지 이르기도 하면서 직원들에게 지속발전에 대한 동기를 부여하지 못하게 되는 것이다. 따라서 이제는 모든 직원이 고르게 역량을 높일 수 있도록 우수한 성과를 만들어내는 직원과 평균적인 업무수행 직원을 구분 짓는 차이점이 무엇인지를 찾아내야 한다. 그리고 개인이 탁월한 성과를 이뤄낼 수 있도록 해주는 역량인 지식과 스킬, 태도 등을 전체 직원에게 확산하는 선순환의 생태계를 구축하여야 한다.

03 추진전략
: 스스로 진화하게 하라

    사람들을 변화하게 하는 가장 좋은 방법은 스스로가 변화의 필요성을 인식하게 만드는 것이다. 상명하복에 의하거나 외부적인 힘을 통해 변화를 추구할 경우 단기적으로 변화를 하는 것처럼 보이지만 근본적인 변화로는 연결되지 못한다.

    행정의 경우 그동안 변화의 필요성에 대해 많은 논의가 있었지만, 변화의 방식은 대부분 탑다운(Top-down) 형태로 이뤄지거나 외부 전문기관을 통해 조직을 진단하고 직무를 분석하는 등의 방법으로 추진되곤 하였다. 그러나 이러한 시도들이 궁극적으로 행정과 직원의 변화를 이끌어 왔는지는 의문이다.

    지금까지 추구해 왔던 방식은 대부분이 행정과 직원을 변화의 대상으로만 간주하였다. 직원 스스로가 변화의 주체로서 인정받지 못한 것이다. 이는 궁극적으로 행정을 위축되게 만들었고 수동적인 업무수행 방식을 갖게 하는 원인이 되었다.

그렇다면 어떻게 변화해야 할까? 이제는 행정과 직원을 변화의 대상으로 보는 시각을 버리고 KAIST의 주체로서 스스로가 변화를 추구해나가도록 해야 한다. 그리고 직원들도 소극적이고 수동적인 자세에서 벗어나 당당히 KAIST 발전의 주체로서 그 역할과 위상을 만들어가야 한다.

■ 자기 진화형 행정생태계의 출발점 「행정발전교육센터」

KAIST는 직원들의 전문성 강화와 교육 활성화를 위해 2014년에 '행정발전교육센터'를 설치하였다. 센터에서는 직원들이 2~3개 분야의 전문분야를 탐색하고 단계별 교육·훈련을 통해 최고의 전문가로 발전할 수 있는 기반을 제공한다. 중견 직원의 Know-how와 실질적 업무 지식을 후배 세대에게 전수·확산하고 필요할 경우 새로운 전문분야도 탐색할 수 있도록 지원한다. 전문영역 전수·확산과 자신의 전문분야 축적의 선순환 체계를 구축하여 동기를 부여하고 자기 진화형 행정생태계 조성을 촉진하는 것이다.

이를 통해 직원들이 입사에서 퇴사까지의 전 주기적이고 체계적인 단계별 맞춤형 교육·훈련이 이루어지게 하고자 한다. 또한, 분야별 자체 강사 요원을 확대하여 이론과 실무의 융합을 도모하고 '대학행정의 이론과 실제'로 연결되도록 할 계획이다. 그리고 궁극적으로는 KAIST의 자기 진화형 행정생태계의 교육·훈련시스템을 과학기술 특성화 대학으로 전파·확산시켜 공동의 행정발전을 도모하고 일반대학으로도 확산하고자 한다.

센터에서는 KAIST의 핵심가치, 리더십, 영어, 직무, IT활용 등 연간 250 강좌에서 4,070명의 교육생을 배출하고 있다. 2018년도에 교육만족도를 조사한 결과 5점 만점에 4.54점으로 매우 높은 만족도를 나타내고 있으며, 1인당 평균 학습시간은 30시간에 이르고 있다.

04 추진방안

▌가. 업무의 질을 높이는 역량강화 교육

직원에 대한 역량강화 교육은 개인의 업무 능력 개발과 대학의 발전을 위해 꼭 필요한 일이다. 직원교육에 대한 효과가 높을수록 교육과 연구수행을 위한 지원기능이 강화되고, 행정서비스에 대한 수요가 더욱 증대될 것이라는 점에서 직원의 역량강화를 위한 교육은 매우 중요하다. 그렇다면 직원교육을 어떻게 해야 할까?

① 맞춤형 교육과정을 설계하라

직급별, 직무별 분석을 통해 교육과정을 세분화하고 KAIST에 맞는 맞춤형 교육·훈련 프로그램을 개발·도입하여야 한다. 교육·훈련 저해 요인을 묻는 설문에 '실무에 도움이 되지 않는 교육내용'이라는 응답이 65.9%로 1위를 차지하였다. 이는 현재 실시하고 있는 교육이 전문성을 높이고 실무에 도움을 주고자 했던 개설 취지와는 거리가 있는 것이다. 직무능력 향상을 위한 교육과정 개발에 내부 환경을 잘 이해하는 자체 구성원을 활용하는 방법도 좋은 대안이 될 수 있다. 학교의 현실을 알고 현실적인 교육이 이루어진다면 교육의 효과성도 높아질 것이다.

② 생애주기별 경력관리를 체계화하라

직급별 직무교육 필수 커리큘럼을 구축하고 전문가트랙 교육지원을 강화해야 한다. 직원은 학교의 비전과 목표달성을 위한 중요한 수행 주체로서 KAIST의 위상과 발전을 위한 전문성과 글로벌 역량의 강화가 필요하다. 이에 따라 직급별 필수 교육과정을 정하고 개인의 경력개발계획서를 작성하여 초급 실무자, 중급 실무자, 관리자, 고급 관리자의 생애주기에 따른 체계적인 경력관리가 필요하다. 전문가트랙의 경우에는 직무 관련 전문지식과 능력을 개발·강화할 수 있도록 연간 4명 내외로 선정하여 대학원 과정을 지원하고 있다. 그러나 소수에게 제한적으로 기회가 부여되고 있어 이를 보다 확대하는 것이 필요하다.

③ 지속적으로 교육이 이루어지게 하라

KAIST 문화를 반영한 지속적인 교육의 필요성이다. 직원은 교육을 통해 성장하고 직원의 성장은 학교발전에 도움이 된다. 따라서 교육은 채용부터 퇴직까지 전략적이고 체계적인 교육과정을 통해 이루어져야 한다. 또한, 교육·훈련의 결과가 자연스럽게 평가와 승진에도 반영되도록 하여 교육·훈련에 대한 적극적인 참여를 유도하여야 한다.

④ 발표자가 되게 하라

교육생보다는 교육자로 만드는 것이 역량강화에 효과적이다. 무언가를 배워야 하는 존재로 직원들을 인식하기보다 자신의 역량을 다른 직원들에게 전파할 수 있는 존재로 인정하는 것이 동기부여 요인이 될 수 있다. 발표자가 되면 상당한 압박과 부담을 갖게 되지만 결국은 생각과 Know-how를 정리하면서 자신을 성찰하게 되고 자신감을 가지게 만든다. 또한, 발표를 준비하는 과정에서 관행적으로 수행해왔던 업무에서 벗어나 관련된 이론과 사례를 조사·분석하게 되고 이는 자연스럽게 역량을 강화하게 만드는 것이다.

⑤ 기획역량을 함양하라

직원들의 기획역량을 함양하는 것은 개인들의 역량을 강화하는 차원을 넘어 조직의 인력 운영을 보다 원활하게 만드는 효과가 있다. 기획역량은 단편적인 시각에서 벗어나 문제를 종합적으로 분석하고 창의적인 대안을 제시하는 능력이다. 이는 경험과 인재육성의 관점에서 접근해야 한다. 많은 부서장이 실질적으로 기획역량을 갖춘 직원들의 배치를 요구하지만 막상 인력을 운영하다 보면 이러한 역량을 갖춘 직원들이 많지가 않다. 이는 결국은 인력 운영의 한계를 실감하게 만든다. 좋은 직원들을 뽑는 것에는 조직이 관심을 가져왔지만 좋은 인력을 어떻게 육성할 것인지에 대해서는 상대적으로 무관심해 왔다는 것이다. 행정의 이슈가 날로 복잡해져 가는 상황에서 직원들의 기획역량을 함양하는 것은 조직과 인력 운영에 있어 시급하고도 중요한 과제임을 인식하여야 한다.

⑥ 자발적인 연구모임을 장려하라

자발적 연구모임과 개인의 경험을 공유하는 포럼개최 등을 지속해야 한다. KAIST 미래 보고서에서 "직원들은 단순히 학생과 교수를 지원하는 역할에 머무르지 않고, 각 분야에서 전문성을 가지고 비전 달성에 능동적으로 참여해야 한다. 특히, 글로벌 경쟁력을 갖추기 위한 적극적인 노력과 KAIST 발전을 위한 헌신적인 자세가 요구된다."[33]고 직원들의 역할을 정의하고 있다. 교육이 배움으로 끝나지 않고 이를 실행할 수 있도록 주제별 관심 분야에 대해 자발적 연구모임을 만들고 이를 나눌 수 있는 포럼개최 등이 필요한 이유이다. 2017년부터 시작된 '미래 행정 공감 포럼[34]'은 개인의 업무 경험을 나누고 공유하는 구성원 소통의 장이 되고 있다.

나. 걷기에서 뛰게 하는 전보 시스템

높은 경쟁률을 뚫고 기대와 희망을 안고 KAIST에 첫 출근한 신입 K. 기대와 달리 업무와 인간관계로 부서에 적응하지 못하고 본의 아니게 학교 전보 시스템보다 빠르게 몇 개의 부서를 옮겨 다닌다. 그러던 중 K는 유독 한 부서에서 업무를 주도적으로 처리하고 바람 꽉 찬

---

33) KAIST(2018). 2031 KAIST 미래보고서

34) 2017년 9월부터 시작한 포럼이다. 행정에 대한 다양한 주제발표와 토론을 통해 미래 행정의 변화 방향을 제시하고 공감대를 형성하고 있다.

풍선처럼 표정에서도 빛이 났다. 적응하지 못하는 문제 직원에서 S급 인재로 거듭난 것이다. 처음 배치에서 업무환경이 맞지 않았고 명확하지 못한 업무처리로 직원 간의 관계까지 어긋났던 것이다. 직원을 잘 뽑는 것도 중요하지만 신입직원의 장단점을 파악해 배치하여 성과를 내도록 하는 것은 더 중요하다고 볼 수 있다. 그렇다면 직원의 전보를 어떻게 해야 할까?

① 멘토링 시스템을 운영하라

신입직원의 초임발령은 가급적 대학본부에 배치하여 학교에 빠르게 적응하고 업무를 종합적으로 이해할 수 있도록 해야 한다. 또한, 선배직원 중에서 멘토를 선정하여 신입직원의 업무와 어려움에 대해 경청하고 경험을 통한 피드백으로 도움을 주며 원만하게 적응할 수 있도록 지원해야 한다. 그리고 3년 내외로 기간을 정해 면담을 실시하고 최초 부서 전환에 면담 결과를 반영하는 것이 필요하다. 이를 통해 직원들의 의견을 반영하는 부서로 전보하여 본인이 관심을 가지고 학교 발전에 기여할 수 있도록 하는 것이다. 우선은 신입직원부터 적용하고, 점차로 전체 직원에게 확대하는 방안에 대한 검토가 필요하다.

② 격무부서를 인정하자

직무분석을 통해 효율적으로 직무를 부여하고 인력을 배정하더라도 업무량과 민원 발생 등에 의한 격무부서, 일명 기피부서가 있게 된다. 그러나 우리는 애써 그 사실을 회피하거나 인정하지 않으려고 한다.

이는 행정사회에 결국, 격무부서를 기피하게 만들고 효율적인 인력 운영과 역량개발을 어렵게 만든다. 따라서 실질적으로 존재하는 격무부서를 인정하고 이에 대한 보상지원이 이루어져야 한다. 격무부서 인력을 공모제로 시행하고 수당 신설과 가점제 등 이들을 우대하는 정책이 필요하다.

③ 전보 시스템을 이원화하라

전보 시스템을 일반 트랙과 전문가 트랙으로 나누어 Two Track으로 운영해야 한다. 대학본부, 학과 등 학내의 다양한 부서에서 경험을 쌓고 학교에 대한 이해를 높여 미래의 리더로 육성하는 관리자 트랙과 한 분야에서 교육과 실무를 통해 전문성을 갖춘 전문가트랙으로 성장하도록 운영하는 것이다. 관리자 트랙은 해당 분야의 전문성도 갖출 수 있도록 3~5년 내외로 근무하고, 전문가 트랙은 입사 후 5년 이상 동일분야에 근무할 수 있도록 하며, 기술과 능력에 따라 회계 분야 5년, 기술 분야 10년 등 분야에 따라 세부 근무기간에 대해 검토가 필요하다. 행정직에서도 전문가로 성장할 수 있도록 상위부서 단위에서 10년 이상 근무할 수 있는 제도에 대해 심도 있는 검토가 필요한 시점이다.

④ 역량있는 보직자를 발굴하라

역량 있는 보직자를 발굴해야 한다. 실질적인 보직자 공모제 등을 통하여 능력과 열정을 겸비한 젊은 직원을 보직자로 발굴하여 조직에 활기를 불어넣고 추진력 있는 업무를 도모하는 것이다. 또한, 여성 리더가 부각되는 시대 상황에 맞추어 역량 있는 여성 보직자를 발굴하여 도전의 기회를 주는 것도 여성 구성원에게 동기부여의 기회가 될 것이다.

⑤ 전보 예고제를 실시하자

전보 일시 및 부처 예고제를 시행해야 한다. 정례화된 전보는 매년 4월과 10월에 있고 정기 인사발령 외에도 수시발령이 있다. 인사발령은 가급적 정해진 시기에 정례화하되 2주 전에 시행하여 안정적인 업무 인수인계가 이루어질 수 있도록 운영하는 것이 좋다. 중장기 과제로 개인이 어떤 부서에서 어떤 업무를 할 것이고 어느 시기에 이동하는지에 대한 예측이 가능한 전보가 이루어질 수 있도록 부처 예고제 시행에 대해 검토가 필요하다.

다. 조사·연구하고 방안을 제시하는 정책연구

학교의 다양한 현안에 대한 조사·연구를 통해 바람직한 정책의 방향과 개선방안을 제시하는 정책연구과제를 운영하는 것이 필요하다. 정책연구과제는 구성원과의 공감을 통해 발굴하고 직원이 중심이 되어 수행하되 교수와 학생들이 함께 참여하여 구성원 간의 소통·공감을 확대하는 기회로도 활용하여야 한다. 이러한 조사·연구 기능의 활성화는 직원들이 현장의 실제 업무에 이론적인 체계를 융합하는 역량을 갖추도록 할 뿐만 아니라 단순히 집행·관리하는 역할을 넘어 다양한 제도의 변화 방향을 학습·연구하는 미래지향적인 역량을 키워나가게 될 것이다.

라. 세계와 협력하는 글로벌 선진대학 교류

'글로벌 가치창출 선도대학'을 추구하는 KAIST에서 해외대학과의 교류는 선택이 아닌 필수이다. 학교의 비전에 맞추어 직원들도 글로벌 역량을 갖추어야 한다. 이를 위해 글로벌 대학 연수가 확대되어야 한다. 현재처럼 소수를 대상으로 운영하면 해외대학을 경험하지 못하는 직원이 대다수일 것이기 때문이다. 백문불여일견(百聞不如一見)이라는 말처럼 해외 선진대학들을 직접 보고 경험하며 이를 업무에 적용할 수 있도록 문호를 개방하는 것이다. 또한, 해외대학 대학원 과정 지원 확대와 행정인력 해외대학 파견제 도입 또한 중장기 과제로 검토가 필요하다.

마. 새로운 혁신을 위한 행정 안식년 제도

복잡하게 돌아가는 사회구조에 일과 삶의 균형을 맞추는 워라밸(Work and Life Balance)이 사회이슈가 되고 있다. '잘 쉬어야 일도 잘한다.'는 말처럼 충전의 시간을 갖는 건 효율적인 업무 수행을 위해서도 필요하다. 직원들의 삶에 대한 성찰과 자기계발의 시간을 갖도록 KAIST도 '행정 안식년 제도' 도입을 검토할 시기가 되었다. 일부 정부 출연 연구기관과 국내 모 대학에서 10년에 10일, 최대 30년 30일을 보장하는 '행정 안식년 제도'를 채택하고 있다. 안식년을 통한 자기계발과 휴식은 새로운 도전과 직원의 역할에서 성장할 방법을 모색하는 개인에게는 물론 업무에 도움이 되고 학교발전과 비전 달성에 많은 도움이 될 것이다.

■ 직원의 작은 관심이 최고의 프로그램으로 성장

KAIST 직원 Y는 2013년 KAIST 졸업생 초청 강연을 듣게 되었다. 강의 내용도 좋았고 학생들의 집중도도 높았다. '강의실 말고, 학교 밖에서 선배를 만나면 어떨까?' 이런 생각을 정리하여 당시 학생생활처장에게 보고했다. "리더십 배양은 기존의 강의실 수업과 다르게 학교 밖에서 하는 활동을 통하여 학생들에게 다양한 경험을 하게 할 수 있겠다."는 응원을 통하여 '그룹 리더십 GLA'[35]가 만들어졌다.

GLA는 "① 학교 밖에서 활동한다. ② 3인 내외로 한 팀을 이룬다. ③ 인터뷰를 한다."로 프로그램이 구성되어 있으며 2014년 봄 학기에 만들어져 벌써 4년이 되었다. 매 학기 30개 팀, 120명이 활동한다. 연 60개팀, 240명의 대학생들이 활동하는 거대 프로그램이 된 것이다. 주제도 선배 방문 인터뷰에서 명사 인터뷰, 테마 역사기행, 생태, 환경, 독립영화, 한국 속의 외국 찾기, 독립영화 탐방, 사회 이슈 등 비약적으로 다양하게 진화하였다. 2018년 봄 학기부터 학기 최우수 한 팀을 선정하여 동남아 탐사 연구기회를 주는 해외 프로그램도 신설되었다. '강의실 말고 학교 밖에서'라는 작은 관심이 학생들에게 팀워크의 중요성과 자신감을 향상시키는 의미 있는 프로그램으로 정착한 것이다.

---

35) GLA(Group Leadership Activity)는 3~5명이 한 팀이 되어 명사 및 선배인터뷰, 청소년특강, 사회이슈 등 다양한 활동을 학생들이 직접 기획하여 학교 밖에서 실천하는 프로그램이다. 2014년 봄 학기부터 실시하고 있으며, 활동 학생들에게는 인성/리더십 1AU(Activity Unit)가 부여된다. AU는 인정교과목으로 1AU는 1주, 1시간, 1학기간의 활동 또는 이에 상응하는 시간 수의 활동을 의미한다.

Chapter 7

업무환경

: 최고의 스마트 환경을 구축하라

01 추진방향
: KAIST 행정이라면 이 정도는 되어야지

세계 최고의 과학기술 인재를 육성하는 KAIST의 업무환경은 사실 다른 대학이나 기관과 다를 바 없다. KAIST라면 행정업무를 수행하는 방법도 새롭고 KAIST다운 방식이어야 어울린 텐데 서류를 기반으로 한 낡은 관행과 규제는 여전하다.

1년 동안 처리한 종이 영수증이 차곡차곡 쌓여 사무실 뒤 캐비닛을 가득 채우고 있다. 캐비닛을 열고, 서류철을 찾고, 기록을 뒤지는 반복행동을 통해 "도대체 왜 이러한 단순 행동에 시간을 들여야 할까?"라는 질문이 떠오르게 된다.

KAIST는 행정 일상에서 스마트한 방식을 찾아야 한다. 오랜 행정 역사를 통해 다양한 업무성과와 Know-how가 축적된 것은 중요한 자산이다. 게다가 KAIST의 Name-Value가 높아지면서 우수 행정인력이 꾸준히 유입되고 있다. 세계 최고의 스마트한 업무환경을 조성할 수 있는 최적의 조건과 기반이 마련되는 시점인 것이다.

KAIST가 추구하는 업무환경의 정답은 무얼까. 그것은 세계 최고의 과학기술을 교육하고 연구한다는 KAIST의 위상과 이미지에 어울려야 한다. 'KAIST 행정이라면 마땅히 이 정도는 되어야지'라는 명제에 확실하게 다가설 수 있어야 한다.

■ KAIST가 독자적으로 구축한 정보시스템 「CAIS」

1990년 3월에 KAIST와 미국 하와이대학이 위성을 이용해 전용선(HANA/SDN)으로 상호 연결함으로써 인터넷이 본격적으로 시작되었다. 그 이전의 인터넷 연결은 국제전화를 이용한 다이얼 업(Dial-up) 방식을 사용했기 때문에 국제전화요금의 부담으로 일부 연구자들만 사용할 수 있었다. KAIST가 인터넷 사용의 대중화의 길을 가장 먼저 연 것이다.

KAIST는 이러한 인터넷 확산에 발맞추어 가장 먼저 첨단정보시스템의 구축에 도전하였다. 1994년에 정보시스템연구소를 설립하고 Intelligent Campus Project를 수행하였다. 이를 통해 CAIS(Campus Advanced Information Systems)라는 독자적인 미래형 통합정보시스템을 구축하였다. CAIS는 1997년부터 업무에 적용되었으며 1998년에는 업무전반을 지원하기에 이르렀다.

CAIS는 인터넷의 확산과 함께 발전한 클라이언트-서버방식을 처음으로 도입한 것으로 업무영역을 무한의 가상공간으로 확장하여 Virtual University의 개념을 정립하였다. CAIS는 프로세스 기반의 업무 자동화 기술을 인정받아 1998년 10월에 Giga-Award 은상을 수상하기도 하였다. CAIS는 국내대학에 정보인프라 구축이 막 태동하던 시기에 내부의 직원과 학생들의 협업을 통해 가장 먼저 대학에서 독자적으로 대규모 종합정보시스템을 개발하여 구축한 첫 사례이다. CAIS는 이후에도 새롭게 보완을 거듭하면서 현재에도 학사시스템의 기반을 이루고 있으며, KAIST의 도전적이고 창의적인 가치와 자세를 보여주는 징표이다.

02 추진목표
: 유연하고 미래지향적인 스마트 행정기반을 만들자

KAIST가 가지고 있는 가장 큰 장점은 변화와 혁신의 DNA가 강하다는 것이다. 최고의 교육과 연구를 지향하는 환경은 구성원들에게 끊임없는 도전과 새로운 생각을 유도한다. 이는 과거보다는 현재를, 현재보다는 미래를 지향하는 태도와 가치관을 형성하게 만든다.

행정도 이러한 환경에서 예외일 수는 없다. 과거와 현재의 관점에서 벗어나야 한다. 교육과 연구는 4차 산업혁명 시대를 달리고 있는데 행정은 산업화시대의 업무환경과 생각에 머물러 있을 수는 없다. 오히려 4차 산업혁명을 선도하는 유연하고 미래지향적인 스마트 행정을 만들어야 한다.

스마트 업무환경은 행정의 기능과 역할을 바꾸는 데 매우 중요하다. 집행과 관리 중심의 업무영역은 스마트 인프라와 시스템을 통해 가장 효율적이고 최적화될 수 있다. 데이터를 처리하고 관리하는 능력은 사람보다는 지능화된 정보환경이 우월적이고 경쟁력이 높기 때문이다.

따라서 스마트 행정기반은 궁극적으로 집행·관리 중심의 업무와 인력 운영에 혁신적인 변화를 초래하게 된다. 관리·집행 중심의 일상적인 업무는 스마트 시스템으로 대체하고 직원들은 창의적이고 종합적인 문제해결에 집중하게 만들 것이다. 과학기술의 발달에 따라 행정에 활용 가능한 최첨단 인프라가 개발되고 업무환경 변화의 필요성에 대한 구성원들의 긍정적인 인식이 높아진 지금이 스마트 행정기반을 위한 좋은 시기이자 기회이다.

03 추진전략
: 최고의 과학기술을 적용하라

　업무환경은 직원들이 행정을 수행하는 환경이다. 물리적인 시설과 공간에서부터 온라인을 통한 가상의 공간까지 행정을 둘러싼 업무환경은 다양한 형태로 존재한다. 과거에는 물리적인 환경이 중요시되었다면 지금은 사이버 환경이 중요하다. 그러나 사이버 환경은 물리적인 환경에 비해 직접적인 체감이 떨어지므로 시급성과 중요성에서 우선순위가 밀려 투자가 늦어지기도 한다.

　KAIST의 경우 물리적인 업무환경이 열악하다. 교육과 연구는 최고와 첨단을 질주하고 있는 데 비해 행정의 물리적인 환경은 산업화시대에 머물러 있다. 좁은 공간과 낡은 책상, 개인이 존중되지 못하는 자리 배치와 폐쇄적인 칸막이 등 부서환경은 소통과 협력을 어렵게 만들고 정보의 교류를 방해한다.

　온라인상의 사이버 환경도 예외가 아니다. 정보시스템은 영역별로 각자가 따로 논다. 정보가 사람의 혈관처럼 온몸을 순환하지 못하고 신체의 부분에 따라 막혀있다. 그러다 보니 많은 직원이 정보를 수집하고 편집하고 관리하는 일에 시간을 소비한다. 업무의 Know-how도 공유되지 못한다. 그냥 개인의 컴퓨터에 저장되어 묵혀있을 뿐이다.

최고의 과학기술을 교육하고 연구하며 가치를 발휘하고 있지만, 행정업무 환경은 전혀 아니다. 최고의 과학기술도 행정환경에서는 춤을 추지 못하는 셈이다. 행정에서도 교육·연구와 더불어 최고의 과학기술이 구현되고 적용되는 환경을 만들어야 한다.

■ 첨단 블록체인 기술을 활용한 캠퍼스안전 앱 「KAIREN」

대부분의 학생이 기숙사에서 살고, 밤낮없이 학업과 연구에 매진하는 KAIST에서는 다양한 안전 관련 사건·사고가 발생할 수 있다. 학교에서는 구성원의 불필요한 동요를 방지하기 위해 사건을 확실히 확인한 후 공

지해야 할 책임이 있다. 반면, 정보가 충분하지 않아 불안한 학내 구성원들은 익명 게시판 등 검증되지 않은 창구를 통해 불확실한 소문이 통제할 수 없이 퍼져나갈 수 있다. 이러한 문제를 해결하기 위해 전산학부 학생들이 주축이 되어 나섰다. 첨단 블록체인 기술을 활용하여 캠퍼스 사건·사고 공지 앱인 KAIREN을 개발한 것이다. 사건·사고가 발생한 경우에 앱을 통해 제보하면 앱 사용자와 학교 안전팀에 실시간으로 공지를 보내어 신속하게 대응할 수 있도록 한다. 정보가 학교와 학내 구성원 사이에 빠르게 공유되어 불필요한 불신을 방지하는 것이다. KAIREN은 이렇게 첨단 과학기술을 기반으로 다양한 구성원이 안전한 캠퍼스를 함께 만들어가도록 돕는 앱이다. 특히, 앱 개발을 위해 다양한 구성원의 의견을 수렴하는 과정에서 안전팀의 수고와 최첨단 장비를 활용한 학내 모니터링 시스템에 대해 알게 되고 안전한 캠퍼스를 유지하기 위한 노력을 공유하게 되었다. 구성원 사이에 신뢰를 쌓게 되는 값진 경험을 얻게 된 것이다. KAIREN은 안전팀의 구체적이고 실제적인 의견을 추가로 반영하여 2019년 가을학기부터 필수 앱으로 사용토록 할 예정이다.

04 추진방안

▌가. 정보가 축적·공유되게 하라

다양한 정보와 성과물이 긴밀하게 공유되는 것은 업무수행 환경에서 매우 중요하다. 그러나 KAIST 업무환경은 공유할 수 있는 기반 플랫폼이 없다. 정보나 자료를 개인이나 부서 단위로 관리하고 있을 뿐이다. 정보시스템도 통합적으로 구축되어 있지 않다. 업무에 따라 학사, 연구, 행정이 따로 굴러간다. 그러다 보니 업무가 종합적이고 입체적으로 이루어지지 못한다. 단순하게 표피적인 현상만을 다룰 뿐이다.

통합정보시스템을 통해 문서, 이력, 지식과 관련된 모든 자료를 빅데이터화 하여야 한다. 동시에 지식공유시스템을 통해 내부 구성원들이 문서와 지식을 효과적으로 공유하고 활용할 수 있도록 해야 한다. 이메일을 활용한 일시적인 정보 공유가 아니라 체계적으로 자료를 관리하고 공유하도록 하는 것이다. 통합정보시스템을 통하면 매끄러운 업무 인수인계가 가능하고 다른 부서와의 협업 효율성이 향상될 것이다. 누적된 빅데이터를 통해 정확도가 높은 통계자료를 생성할 수 있으므로 장기적으로는 KAIST만의 인공지능 행정시스템을 구축할 수 있을 것이다.

▌나. 고객을 행복하게 하라

고객을 행복하게 하는 것은 행정의 중요한 목적이다. 행정을 이용하는 고객은 학생, 교수, 연구원, 직원이 대표적이며 과학기술 연구중심 대학의 특성상 연구행정의 비중이 크다. 연구행정은 정부가 제시한 정확한 규정과 지침을 따라야 하는 경우가 많다. 따라서 세세한 부분까지 행정지원을 받고자 하지만, 고객은 당장 어디에 전화하여 정보를 얻어야 하는지조차 모른다. 반면, 행정을 처리하는 직원들은 반복적이고 지속적인 문의와 업무로 인해 부담이 가중되고 효율성이 저하된다. 양쪽의 문제를 해결하는 동시에 고객을 행복하게 하는 행정을 구현하기 위해 어떻게 해야 할까.

고객이 원하는 업무를 한 장소에서 One-stop으로 처리해주면 좋을 것이다. 이를 위해 '행정자문 종합센터'를 설치하는 것이 필요하다. 센터에는 임금피크제 대상자나 퇴직직원과 같은 전문지식과 Know-how가 풍부한 시니어 직원을 활용하면 좋을 것이다. 반복적이고 기본적인 행정절차에 대해 맞춤식으로 정보를 전달한다면 고객은 어디에 문의해야 하는지에 대한 부담도 줄거니와 반복적인 내용에 대해 쉽게 답변을 얻을 수 있다. 행정 입장에서도 전문적이면서도 고객지향적인 행정 서비스에 시간을 더 많이 할애할 수 있어 좋을 것이다.

▎다. 직무를 효율적으로 재설계하라

직무가 체계화되어 있지 않으면 조직과 인력 운영에 어려움이 발생하고 때로는 개인역량에 맞지 않는 업무가 부여된다. 체계화·제도화되지 않으면 직무에 따른 인력 배치가 아니라 사람에 따라 직무가 조정되기도 한다. 부서 내에서의 상황도 단계별 직무이동이 이루어지지 않아 업무가 특정인에게 과중되는 현상이 발생한다. 이러한 환경들은 궁극적으로 개인들의 역량발전을 저해하게 된다. 이를 개선하기 위해서는 업무를 체계적으로 분석하고 직무의 양과 질 등의 특성에 따라 인력 운용 계획과 연계되도록 해야 한다.

직무분석은 KAIST의 특성과 내용을 정확하게 알고 있는 행정이 직접 수행하는 것이 좋다. 외부 컨설팅 회사의 경우 KAIST의 특성을 빠르게 파악하기가 어렵고 이는 형식적인 작업에 머무르게 만든다. 오히려 부서의 직무를 직접 경험하고 수행한 직원들이 숙련도, 난이도 등을 종합적으로 고려하여 체계적인 직무분석을 효과적으로 실시할 수 있다. 그리고 이러한 접근방식이 직원들의 역량을 자연스럽게 진화할 수 있도록 만들 것이다.

▎라. 창의적인 업무환경을 구축하라

창의적이고 도전적인 생각이 가능하기 위해 물리적으로 변모할 수 있는 공간영역은 어디까지일까? 최근 한 사무용 가구 전문기업[36]은 '창의성을 말하는 회사가 있고 공간으로 보여주는 회사가 있다'는 광고로 사무환경의 중요성을 일깨운다. 공간은 자칫 창의성과 거리감 있는 주제처럼 여겨질 수 있으나 우리가 깨어있는 시간의 1/2 이상을 사용하고 있는 공간은 업무의 효율과 집중도를 향상시킬 수 있는 중요한 요인이다.

KAIST 업무환경의 가장 큰 문제점은 소음 노출이 많고 부서별 업무특성이 고려되지 않아 획일적이라는 것이다. 밀집된 사무공간으로 업무능률이 저하되고 분산된 건물로 인해 타 부서와의 의사소통에 어려움이 발생한다. 조직의 단절된 의사소통을 개선하기 위하여 구성원 간 자유로운 커뮤니케이션이 필요한 공간을 확대해야 한다. 직원들이 자유롭게 휴식을 취할 수 있는 문화와 분위기 조성도 필요하다. 이것이 창의성을 발현할 수 있는 최적의 사무환경이다.

---

36) 퍼시스 브랜드 캠페인의 일환으로 공개된 광고 영상은 딱딱한 분위기의 회의실에서 경직된 표정으로 직원들에게 창의성을 말로만 강조하는 임원의 모습과는 대조적으로 다양한 형태의 업무 공간과 라운지 공간에서 자유롭게 이동하며 편한 모습으로 일하는 구성원의 모습을 통해 창의성은 공간에서 시작됨을 보여준다.

마. 행정기능을 집적하라

행정기능이 캠퍼스의 여기저기에 분산되어 있다면 고객은 어떨까? 먼저 캠퍼스에 건물들이 많고 복잡하기에 찾기가 쉽지 않다. 설령 잘 찾았다고 하더라도 다른 부서에서 담당하는 업무이고 다른 건물에 해당 부서가 있다고 하면 당혹스러울 수밖에 없을 것이다. 반대로 행정기능이 집적되어 있다면 어떨까? 당연히 찾기도 쉽고 한 곳에서 관련된 업무를 다 처리할 수 있으니 고객에게 편리하고 효율적일 것이다.

이는 지극히 단순하면서도 상식적인 환경이다. 그러나 KAIST에서는 이러한 일차원적인 상식의 업무환경이 적용되지 못하고 있다. 캠퍼스의 각기 다른 건물에 행정이 분산되어 수행되고 있고, 어느 순간에 무덤덤해져 있다. 행정의 수요자인 고객의 입장은 아랑곳하지 않고 어쩔 수 없다는 논리만이 적용될 뿐이다.

행정기능을 활성화하고 고객의 편리와 만족도를 위해서는 우선은 행정기능을 하나로 집적시켜야 한다. 하나의 공간에서 모든 행정이 처리되는 One-stop을 구현하는 것은 직원과 행정을 위해서가 아니라 교수와 학생 그리고 KAIST를 찾는 수많은 고객을 위해서 필요한 것이다.

▌바. 업무를 표준화하라

업무를 수행하면서 공문이나 이메일 등을 통해 여러 부서에서 검토하거나 시행하는 문서와 자료들을 받아보게 된다. 어떤 문서와 자료는 기승전결이 명확하고 짧고 간결하면서도 무엇을 말하고자 하는지를 금방 알 수 있지만 어떤 것들은 무언가 엉성하고 의사전달이 명확하지 못할 뿐만 아니라, 오히려 내용이 혼란스럽기까지 하다.

문서가 표준화되어 있지 못하고 업무가 표준화되어 있지 못하다 보니 부서별로 다른 것은 물론이고 부서 내 개인 간에도 문서와 보고서의 양식이 다르고 천차만별이다. 그야말로 개성이 춤추고 있다. 그러나 개성에도 일정한 기준이 있어야 한다. 행정은 개인의 일을 수행하는 것이 아니라 조직의 공적인 일을 수행하는 것이기에 객관화되고 표준화된 기준이 마련되고 적용되어야 한다.

일방적이고 획일적으로 표준화해야 한다는 것은 아니다. 문서와 보고서의 핵심 내용을 신속하게 전달하기 위해 인포그래픽 같은 이미지로 표현하여 반영하는 것이 중요해지고 있다. 이러한 트렌드를 반영하여 정기적으로 콘테스트 등을 개최하여 업무의 표준화에 구성원들의 생각이 반영되도록 하면 금상첨화다.

사. 수요자 중심으로 업무 프로세스를 혁신하라

　업무 프로세스 혁신을 많이 이야기해 왔지만 대부분 부서와 담당자의 관점에서 프로세스 혁신을 다루어 왔다. 부서와 담당자들이 수행하고 있는 업무는 수요자의 관점에서 보면 일부에 불과하다. 가령 학생의 관점에서 입학부터 졸업할 때까지 처리해야 하는 일을 종단적으로 분석하고 프로세스와 담당 부서를 그려보자. 입학 시기에는 입학처와 관련이 되고 입학 후에는 수강 신청부터 기숙사, 강의 평가, 성적, 휴·복학, 병무, 논문, 졸업 사정 등 수많은 일로 각기 다른 부서와 접촉이 이루어진다.

　한 명의 학생에게 많은 부서에서 자료를 요구하고 학생은 어떤 업무를 어디 부서에서 담당하는지 잘 알지도 못하는 상황에서 일을 처리해야 한다. 담당하는 부서와 직원에게는 당연한 일이고 학생들이 마땅히 처리해야 한다고 생각하겠지만, 수요자인 학생에게는 중복되고 복잡하다는 생각을 할 수 있다는 것이다. 따라서 업무 프로세스를 수요자 시각에서 종단적으로 분석하고 부서별로 요구하는 자료와 절차가 무엇인지를 종합적으로 다루어야 한다. 그러다 보면 자연스럽게 공급자의 관점이 아니라 수요자의 관점에서 업무 프로세스의 혁신이 일어날 것이다.

▌아. 규정 트리맵을 완성하라

직원들이 행정을 수행하는 근간은 규정이다. 분야별로 수많은 규정이 다양한 형태로 업무수행의 기준을 제시한다. 많은 업무가 행정조치로 이루어지기도 하지만 궁극적으로 제도의 완성은 규정의 형태로 이루어진다. 국가운영의 근간이 헌법으로부터 시작되어 법률과 시행령을 거쳐 규칙 등으로 이루어지는 것처럼, 기관의 운영도 근거법령이나 정관 등에서 시작하여 규정, 요령, 지침 등의 형태로 제도화된다. 한편으로는 규정들이 얽히고설키면서 복잡하기 짝이 없어 규정을 다 알지도 이해하지도 못한다. 그냥 자신이 수행하는 업무와 관련되는 규정만을 알고 그 기준에 의해서만 단순하게 업무를 수행하는 것이다.

업무는 보통 다른 업무들과 연계된다. 단순하게 독립적으로 떨어져 있는 경우는 많지 않다. 따라서 자신이 수행하는 업무와 관련된 것은 무엇인지 정도는 담당자가 인식하고 알아야 한다. 그러기 위해서는 관련된 업무의 규정들이 어떻게 연결되어 있는지를 쉽게 파악하고 알 수 있도록 해주어야 한다. 규정 트리맵이 필요한 이유이다. 자신과 관련된 업무의 출발점부터 종착점까지를 규정 트리맵을 통해 파악할 수 있다면, 업무를 보다 체계적이고 종합적으로 수행할 수 있을 것이다.

▎ 자. 미래 환경 변화를 대비하라

미래를 예측한다는 것은 실로 어려운 일이고 사실 누구도 알 수 없다. 미래에 대해 현대 경영학의 창시자 피터 드러커(Peter Drucker)는 "우리가 아는 유일한 사실은 미래는 매우 다를 것이다."라고 말했다. 그러나 먼 미래를 예측하기는 어려워도 당장 눈앞에 다가오는 환경은 충분히 가정하면서 대비하거나 시뮬레이션할 수 있다.

변화하는 환경은 일정한 흐름을 통해 파악할 수 있다. KAIST가 설립되었던 1971년의 환경과 지금의 환경은 근본적으로 달라졌다. 당시에는 KAIST가 독특하면서도 유일무이한 모형이었지만 이제는 더 이상 독특하지도 유일무이하지도 않다. KAIST와 같은 형태로 광주, 울산, 대구에 과학기술원이 설립되어 운영되고 있다.

이렇게 변화된 환경에서 KAIST는 무엇을 대비하고 준비해 왔는가. 딱히 이야기하기가 쉽지 않다. 어떻게 변화시키고 준비해야 한다고도 말하기도 어렵다. 미래에 대해 체계적으로 분석하고 대비하고 준비해야 할 것 같은데도 이를 위한 조직 차원의 전략적인 접근이 이루어지지 못하고 있다.

이제는 과학기술을 위한 교육과 연구뿐만 아니라 행정의 영역에 있어서도 이슈를 주도하고 선점하면서 미래를 준비하고 이끌어나가야 할 때다. 특히, 행정이 축적된 역량과 전문성을 바탕으로 변화를 지속적으로 조사·분석하고 향후 대응 방향과 전략을 제시하는 것은 KAIST의 미래를 위해서 매우 중요한 과제다.

Chapter 8

조직문화

: 조직의 미래는 현재의 문화에 있다

01 추진방향
: 인류 보편가치가 숨 쉬게 하라

조직문화는 조직 내 구성원들이 공유하고 있는 신념, 가치관, 인식, 행동규범, 행태다. 공동체를 결속시켜주고, 구성원들의 일체감과 조직에 대한 몰입도를 높이는 가장 핵심적인 요소로 조직목표 달성은 물론 구성원 개개인의 삶과 조직에 대한 만족도와의 상관관계도 높다.

조직문화는 공유가치를 비롯해 조직구조, 시스템, 풍토, 전략, 인재, 기술 등이 결정[37]하고, 업무 프로세스, 제도, 의사결정 시스템, 소통구조 등 조직행태로 발현된다는 것이 많은 학자들의 주장이다. 하지만 구성원들이 가지고 있는 근본적인 인식이나 공유가치가 매번 조직행태로 이어지는 것은 아니다. 외부 환경, 리더십 등의 변화가 조직행태를 급변시키기도 하고, 이러한 조직행태는 시행착오를 거쳐 다시 변화하는 과정을 밟는다. 그렇다고 시행착오를 거쳐 정착된 조직행태가 문

---

37) McKinsey 7s : Shared Value, Structure, System, Style, Strategy, Staff, Skill

화를 대변한다고도 할 수 없다. 새로운 환경이나 리더십의 변화에 따라 다시 변화의 과정을 거칠 수밖에 없기 때문이다. 이처럼 조직문화는 끊임없이 변화하고 진화한다.

조직문화에서 변하지 않는 것은 없을까? 행정선진화추진위원회가 시작되고 구성원들의 의식을 조사하면서 변화하는 제도나 리더십, 의사결정 구조 등에는 만족도도 낮고 일치된 견해가 없었다. 반면 조직이 추구하는 가치, 자아실현을 위한 이타적인 사회적 책임 등의 이슈에는 무언의 공감대가 형성되어 있었다. 이는 조직문화는 계속 변화하지만 추구해야 할 가치나 방향은 구성원들이 공유하고 있다는 것을 대변한다.

KAIST의 외부환경도 교육의 수월성 추구, 현장 맞춤형 교육의 필요성 증대, 4차 산업혁명 대응 등 그 내용은 바뀌고 있다. 그러나 그 안에 흐르는 국가, 인류사회에 대한 기여와 봉사의 가치는 한 번도 변한 적이 없다. KAIST의 존재 이유와 가치는 바로 이것에 있다. 정확한 인식이 없을 뿐 KAIST의 행정가들도 이에 대한 저변의 인식이 확고하다는 것이 구성원 인식조사에서 드러난 것이다.

행정 선진화의 방향도 이러한 인류 보편의 가치를 향해야 하며 의사결정, 제도 수립, 프로세스 설정 등의 순간에도 효율과 눈에 보이는 성과보다는 이러한 가치판단을 우선하는 문화가 되어야 한다. KAIST 구성원들이 이제껏 수동적이고 암묵적으로 공유해왔던 문화인 것이다. 그동안 인류 보편가치에 대한 추구가 KAIST 행정의 저변에서 수동적, 소극적으로 작용해왔다면, 이제는 당당하게 드러내고 구성원 개개인들의 주인정신에서 능동적으로 발현될 수 있는 풍토를 만드는 것이 조직문화 선진화의 출발점이다.

02 추진목표
: KAIST 핵심가치가 연결되게 하라

조직문화에 대한 불만과 문제점들을 토로하다 보면 조직문화 선진화는 일시적인 행정 현상일 뿐 리더십이 바뀌면 원점으로 회귀할 것이라는 우려와 패배감이 존재한다. 조직의 비전과 목표달성을 위해 조직문화 선진화가 필요하다고 하지만, 그것이 우리의 삶과 어떻게 직결되는지, 그것을 하지 않는다고 해서 조직이 쇠락의 길로 갈 것인지, 아무것도 명확한 것은 없다. 이 지점에서 과연 조직문화 선진화가 필요한 것인지를 고민하게 된다.

처음에는 일반적인 접근방식으로 현 상황과 문제점을 찾아내 그 해결방안을 제시하려고 했다. 그러나 논의를 거듭하면 할수록 지엽적인 문제를 수동적으로 하나씩 해결하는 것보다 우리 안에 있는 긍정 요소를 조직문화로 끌어내 능동적이고도 근본적인 변화를 시도하자는 의견으로 초점이 모아졌다.

다른 요소를 고려하지 않은 자체 논의에서 언급된 '조직과 내가 함께 발전하는 조직문화', '배려가 있는 문화', '다른 그룹의 창의를 자극하는 행정문화', '다름이 있는 문화' 등의 키워드들이 결국 KAIST의 핵심가치와도 연결되어 있다는 것은 신선한 발견이었다.

배려(Caring)를 통해 다름–다양성(Diversity)을 인정하는 문화와 도전(Challenge)할 수 있는 문화를 만들고, 소통(Communication)과 다양성(Diversity) 존중을 통해 창의(Creativity)를 견인하면서 다른 사람의 발전과 조직의 발전이 나의 가치를 실현하는 길이라는 것이 조직문화가 갈 방향임은 자명해졌다. 우리와 우리가 속한 KAIST가 한목소리를 내고 있었다. 주인 정신의 회복을 시작으로 우리 안의 공유가치가 배려, 소통, 다양성, 창의, 도전을 전략적 매개로 삼아 나와 KAIST가 함께 발전하는 조직 문화로 표출되도록 하는 것을 목표로 설정하게 되었다.

03 추진전략
: 공유된 가치를 행태의 변화로 유도하라

가정(Assumption), 가치(Value), 규범(Norms), 행태(Behavior)로 이어지는 것이 조직문화의 단계임을 고려할 때 가정은 한 조직의 조직문화를 결정하는 가장 중요한 요소다. '아무리 해도 우리가 할 수 있는 것은 없다.', '어차피 직원은 핵심이 아닌 지원인력일 뿐이다.', '고민하면 뭐하나, 어차피 팀장이나 처장이 결정할 거야.' 등의 인식은 어떠한 리더십이나 캐치프레이즈보다 현재의 조직문화에 결정적인 영향을 미친다.

가정을 바꾸려면 어떻게 해야 할 것인가? 우리의 생각이 바뀌면 말과 행동이 바뀐다지만, 우리의 생각을 바꾸려면 어떻게 해야 할 것인가? 소크라테스는 내 안의 이데아를 발견하는 것이 나를 아는 시작이라고 말하고, 이에 따라 행동하는 것이 인간의 길이라고 역설한다. 그러나 현재의 서양 철학자들은 물론 우리 행정인들은 이 이데아를 잊고 과거의 이론과 표면적인 논리적 사고로 철학을 이야기하고 행정을 실행한다.

우리는 직원 인식조사를 통해 우리 안에 보편적 가치에 대한 공유된 합의가 있음을 알 수 있었다. 우리가 인지하지 못하고 평소에 잊고 지내던 이데아가 있음을 발견한 것이다. 조직문화의 변화는 이 공유된 가치를 행태로 연결하면서 촉발된다. 결국, 이 공유하고 있는 가치를 말과 행동 등의 행태로 옮길 때 이데아는 현실이 되는 것이다. 추진방안은 역설적으로 행태의 변화를 통해 인식의 변화를 이룰 수 있다는 가정에서 나온 것이며, 방안들을 실행하면서 지속적으로 우리 안의 이데아와 교감하는 것을 전제 조건으로 한다.

04 추진방안

▎가. 행정문화플랫폼으로 연결하라

온라인상에 아주 사적인 사이트를 개설한다. 업무적인 능력 향상을 위한 모임, 사회봉사를 위한 모임, 개인적인 관심사와 취미를 위한 모임, 봉사와 배려를 위한 소통 공간 등이 학교의 간섭 없이 직원들의 자발적인 힘으로 개발되고 운영된다. 개발과 운영은 재능기부와 봉사로 이루어지며, 학교의 간섭은 물론 지원도 없다. 자율성이 보장된다.

이렇게 사적인(Private) 공간에서 생산·축적된 정보와 Know-how는 공적인(Public) 공간에서 포럼, 문화제, 소식지 발간 등으로 연결되어 또 하나의 조직형태로 발전한다. 행정문화 플랫폼을 통해 구성원들이 하나로 연결되어 다양하게 교류하는 기반이 만들어지는 것이다.

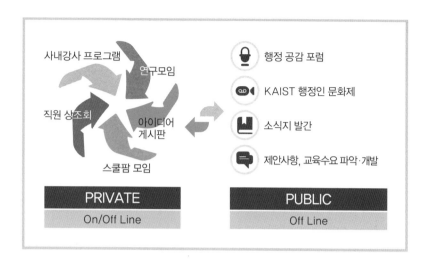

사내강사 프로그램
연구모임
직원 상조회
아이디어 게시판
스쿨팜 모임

🎙 행정 공감 포럼
📹 KAIST 행정인 문화제
📖 소식지 발간
💬 제안사항, 교육수요 파악·개발

PRIVATE	PUBLIC
On/Off Line	Off Line

▎나. 행정공감포럼으로 공유하라

행정공감포럼은 직원들이 가지고 있는 행정에 대한 다양한 생각과 Know-how를 공유하는 자리이다. 이를 통해 직원들은 행정의 미래를 스스로 고민하고 공감하는 것이다. 직종, 직급, 직무 등을 고려하여 발표자를 선정하고 교수와 학생뿐만 아니라 외부인사도 초청하여 행정에 대한 내부의 시각뿐 아니라 외부의 시각도 함께 다루면서 공감대를 형성해나가야 한다.

이미 2017년(7회), 2018년(6회) 실시해 왔으며, 2019년에는 기존 프로그램에 감성을 더해 공감형 소통프로그램으로 발전시킨다. 2020년부터는 행정문화 플랫폼에서 생산, 축적된 더 많은 구성원의 생각이 반영된, 깊이 있는 아이디어들이 동참하게 될 것이다.

다. 행정소식지로 소통하라

행정소식지는 행정 구석구석의 소식을 전하고, 합리적인 미래 대안을 고민함으로써 행정의 정체성을 확보하고, 스스로 진화하는 행정생태계를 조성하기 위해 탄생했다. 소식지는 기존의 수많은 뉴스레터의 틀에 박힌 형식을 배격하고 직원사회의 진솔한 공감과 미담을 발굴하여 긍정의 에너지를 확산하는 방향으로 취재하고 제작한다.

행정소식지는 News KAISTaff라는 제호로 2018년 한 해 동안 6회를 시범호 형태로 발행했다. 소식지를 통해 직원들 스스로 모르고 있던 숨은 행정 분야의 소식을 공유함으로써 행정의 화합은 물론 다른 그룹과의 인식의 폭을 줄이는데 크게 기여하고 있다. 소식지의 기사를 취재하고 작성하는 기자단들은 자발적인 지원으로 구성되고, 전문적인 교육과 전문가의 조언이 더해짐으로써 나날이 프로다운 모습으로 발전하고 있다.

라. 행정문화제로 발산하라

행정문화플랫폼을 통해 행정이 스스로 생산한 콘텐츠를 모아 오프라인에 공유의 장을 마련하는 것이 행정문화제이다. 연구결과 공유와 예술작품의 전시, 스쿨 팜 농작물과 삼겹살의 만남, 공연과 노래자랑 등 범위를 한정하지 않고, 다양한 이벤트들이 공존하는 자리가 될 것이다.

2019년도에는 행정문화플랫폼을 통해 내용들을 축적하고 행정문화제 준비위원회를 구성하여 2020년에 첫 행사로 탄생할 것이다. 행정문화제는 직원들만을 위한 행사가 아니라 교수와 학생, 그리고 지역민이 함께 참여하고 끼와 재능을 마음껏 발산하는 축제의 마당으로 만들고자 한다.

┃ 마. 팀장 리더십 세미나로 함께 고민하라

팀장들은 행정조직을 이끌어가는 핵심 중간관리자로서 경영진을 보좌하면서 실무업무를 이끌어나가야 하는 역할을 동시에 수행하고 있다. 따라서 팀장의 리더십은 전체조직과 행정발전에 핵심적인 요소이다.

팀장 리더십 세미나는 부서운영에 대한 다양한 경험과 상황을 발표하고 토론하는 기회를 통해 바람직한 조직운영과 관리에 대한 인식을 제고하는데 목적이 있다. 특히, 자신만의 리더십에 대한 자각과 정립을 통해 소통·협력·갈등 관리의 핵심 주체로서 미래 행정발전을 위한 고민을 함께 나눈다.

팀장 리더십 세미나는 2018년도에 6회를 꾸렸다. 2019년도에는 더욱 실질적인 내용을 다루면서 토론이 활발하게 이루어질 수 있도록 진행 방식을 개선하고자 한다.

바. Team Boxing Day로 협력하라

직원들이 행정을 수행하다 보면 다른 부서와 업무가 연결되고 어떤 형태로든 접촉이 이루어지게 된다. 이러한 과정에서 대부분은 긴밀하고 원만하게 업무협의와 협조가 이루어지지만, 때로는 다툼과 갈등이 발생하기도 한다. 갈등이 발생하는 경우 업무는 지연되고 결국은 감정적인 대립으로 연결되어 인간관계에까지 영향을 미치게 된다.

따라서 갈등은 빠르게 해소하여 협력의 문화로 전환토록 하여야 한다. 이를 위해 매월 1회를 Team Boxing Day로 지정해 부서 간 소통과 협력문화 활성화를 시도하고자 한다. 매월 다른 부서와 매칭하여 실시하고 3개의 팀까지 가능토록 유연성을 부여한다. Team Boxing Day에서는 회식 외에도 다양한 문화, 체육, 봉사활동을 함께 하도록 하여 부서 간 융합을 통한 새로운 문화혁신을 지향한다.

사. 자유롭게 타박하고 공감하며 인정하라

자 자유롭게
타 타박하고
공 공감하며
인 인정하는

[자타공인] 소통 프로그램이란?

자타공인 소통 프로그램은 KAIST 구성원들이 함께 모여 서로에 대해 자유롭게 이야기를 나누며 잘못된 것은 솔직하게 타박하되, 현안들에 대해 서로 공감하면서 상대를 존중하고 인정하는 새로운 소통과 공감의 KAIST 문화를 만들어가는 솔직 담백한 토론 형식의 행사

KAIST는 교수, 직원, 학생은 개별 주체로서 임무와 역할에는 충실하지만, 함께하는 공동체 의식과 문화에는 무관심한 편이다. 따라서 구성원들 간에 새로운 소통과 공감의 문화를 확산하면서 상호 존중하고 인정하는 공동체 의식과 문화를 조성하는 것은 KAIST의 전체적인 발전을 위해 중요하다.

'자타공인' 소통 프로그램은 다양한 구성원 간의 조합으로 참가를 구성하여 주제들을 가지고 식사를 하며 상호 생각과 방향을 공유·공감하는 형식으로 운영된다. 때로는 교수-직원-학생이 함께 조합을 이루거나 교수-직원, 직원-학생, 보직자-직원, 선배-후배 직원 등으로 조합이 이루어진다.

▌ 아. 그룹·집단별 목적지향 워크숍으로 다양화하라

직원사회의 규모가 커지면서 전체 직원이 참여하는 워크숍은 장소를 확보하기도 쉽지가 않고 준비와 진행에도 어려움이 발생한다. 이에 따라 목적지향의 실용성과 소통의 다양화를 위한 새로운 방식의 워크숍 운영을 위한 변화가 필요하다.

일반 직원은 직종·직급·직무를 고려하고 보직자, 노사 등으로 구성과 운영을 다양화한다. 주제는 그룹·집단에 따라 주제를 지정하고 때로는 자유롭게 주제를 정하여 실시할 수 있도록 자율성과 유연성을 부여한다.

직원 WORKSHOP 다양화 방안

직급/직종/직무별 일반직원 워크숍

보직자 워크숍

보직자 WORKSHOP
학/처장과 팀장 등 보직자들 간의 활발한 소통과 발전방향에 대한 공감대 형성을 도모

일반직원 WORKSHOP
직원의 다양성을 존중/반영하여 종적/횡적 소통이 활발하게 이루어지도록 하고 행정발전에 대한 방향과 공감대를 확산

워크숍 기획위원회

워크숍 기획위원회
워크숍 일정을 기획하고 성과를 검토/분석하여 직원 워크숍의 발전을 도모

노사발전 워크숍

노사발전 WORKSHOP
노동조합과 행정처 등과의 활발한 소통과 공감을 통해 노사공동발전의 협력을 추구

▌자. 지속적인 서적 출판으로 확산하라

KAIST 행정의 변화와 도전 사례를 참여 직원들과 직접 집필·발간·공유하여 변화와 혁신에 대한 열정과 노력에 공감대를 형성하고자 한다. 이러한 노력을 통해 KAIST 행정의 변화와 혁신이 대학사회 전반으로 연계·확산되도록 하고 직원들에게도 선도적인 역할을 인식시키는 것이다.

서적 출판은 또한 직원들이 행정의 변화와 혁신을 위한 열정을 잃지 않고 항상 초심을 되새기며 앞으로 나아가자는 자신감 배양의 터전이다. 그리고 후배들이 선배들의 노력과 열정을 이어받아 발전시켜야 한다는 임무를 부여하고 의무화하는 약속이기도 하다.

■ KAIST에는 매주 색깔 있는 도시락 데이가 열린다

매주 목요일이면 KAIST에는 직원들이 함께 모여 도시락을 먹는다. 매주 메뉴가 바뀌니 이번 주는 어떤 도시락이 놓여 있을까 하는 설렘도 함께 한다. 첫째 주는 '자타공감 소통프로그램'이 열리고, 둘째 주는 행정소식지 News KAISTaff가 발간되고 '미래행정공감포럼'도 열린다. 셋째 주는 '팀장 리더십 세미나'가 열리고, 마지막 넷째 주에는 진행된 프로그램을 모니터링하는 회의가 열린다. 매주 직원들이 함께 모여 소통하고 공감하고 교류하는 Market이 열리는 것이다.

Chapter 9

제언

: 행정도 과학이다

01 역할에 대한 인식이 바뀌어야 한다

　행정은 행정학이라는 학문이 대표하듯이 고도의 전문분야이다. 그러나 대학에서 행정에 대한 인식 특히, KAIST에서 행정에 대한 인식은 학문 분야의 가치만큼 인정받거나 존중받지 못해 왔던 것이 현실이다. 왜 행정에 대한 인식과 가치가 제대로 평가받지 못하고 있었던 것일까.

　여러 가지 이유가 있을 것이다. 첫째, 인적자원의 상대적인 격차 때문이다. 1971년 한국과학원 설립 당시 교수들의 경우 국가 차원에서 해외에 있던 과학자들을 본국으로 모셔오기 위해 노력하였고 그들은 최고의 가치를 가지고 있었다. 그러나 행정의 경우 교수들에 비해 상대적으로 최고라는 경쟁력의 비교가 쉽지 않은 측면이 있다.

　둘째, 업무의 성격 때문이다. 과거에는 KAIST의 규모가 크지 않았고 업무도 지금에 비해 단순한 집행·관리 중심의 업무가 많았다. 그러다 보니 행정은 지원이라는 개념에 한정되었고, 특별히 준비된 역량이 없어도 경험을 통해 누구나 할 수 있는 일이라는 인식이 뒤따랐다.

셋째로는 학교운영의 개념 때문이다. 과거에는 학교운영이 '경영'보다는 '관리'라는 인식을 가지고 있었다. 그러다 보니 경영에 대한 경험과 인식이 충분치 않은 교수들이 상위 보직을 독점하면서 행정은 관리의 대상으로 간주한 측면이 있다.

넷째, 직원 스스로 행정이 아닌 사무라는 인식을 가졌기 때문이다. 사무는 자신이 맡은 직책에 관련된 여러 가지 일을 처리하는 일. 주로 책상에서 문서 따위를 다루는 일이다. 직원 스스로 행정이라는 보다 전문적이고 고도의 업무 성격을 이해하거나 추구하지 않고 사무라는 개념에 익숙해져 때로는 관행적으로 업무를 수행해온 측면이 있다.

행정의 역할에 대한 인식이 바뀌어야 한다. 행정은 단순한 사무가 아니며 관리나 지원이라는 한정적인 개념도 아니다. 행정은 전문적이고 고도의 역량과 판단을 필요로 하며, 전략, 정책, 조직, 인사, 재무, 관리, 지원 등 광범위한 업무영역을 포괄하는 중요하고 가치 있는 일이다.

직원들의 인적자원도 점차 우수한 자원들이 KAIST 행정에 참여하고 있다. 아직은 교수들의 경쟁력과 비교할 수 없을지 몰라도 그 경쟁력의 가치는 지속적으로 높아지고 있다. 이에 따라 업무수행 역량의 기반이 탄탄해져 가고 있기에 행정의 전문성이 강화되어 갈 것이다.

행정은 교수·학생들과의 직접적인 이해관계를 가지고 있지 않기에 다양한 정책의 검토와 판단에 객관성과 중립성이 유지될 수 있다. 그러나 상대적으로 교수들은 소속 학과와 학문 분야로부터 자유롭기가 쉽지 않다. 따라서 교수들이 상위 보직을 독점하면서 학교운영의 중요한 정책 판단과 결정을 좌우하는 것은 경계해야 한다.

민주주의 국가에서 삼권분립의 기본적인 국가 형태가 유지되는 이유는 견제와 균형의 원리가 작동하기 때문이다. 어느 일방의 조직이나 집단이 의사결정을 독점하거나 좌우하는 정도가 심할수록 합리적인 판단과 결정이 어려워질 수 있다. 그러기에 학교운영에도 이러한 견제와 균형의 원리가 필요한 이유이기도 하다.

KAIST를 둘러싼 환경을 보면 과거에 비해 훨씬 다양하고 복잡해져 있다. 정부의 권한이 막강하였던 시절에는 정부의 정책적인 지원과 혜택을 통해 발전할 수 있었고 정부에 의존하면 학교운영에 문제가 없었다. 그러나 민주화의 진전에 따라 국회의 권한이 커져가면서 국회를 통한 통제와 견제가 강화되고 있다. 이에 따라 정부의 정책적인 지원과 의지만으로는 KAIST의 안정적인 지원과 발전을 도모하기가 쉽지 않은 것이다.

이렇게 변화되어 가는 환경은 관리라는 개념으로 KAIST를 운영할 수가 없다는 것을 의미하며 경영의 전략과 관점에서 높은 전문성을 요구하고 있다. 특히, 정책의 연속성과 대외 환경과의 지속적인 연계·협력의 고리를 유지·관리해나가는 것은 매우 중요하다.

KAIST가 갈수록 복잡·다양해지는 환경을 학교발전과 긴밀하게 연계시키기 위해서는 이를 지속적으로 점검하고 분석하며 전략을 수립하고 정책 방향을 검토하는 역량을 키워야 한다. 이는 곧 행정의 전문성을 강화하면서 행정의 변화되는 역할을 인식하고 행정의 가치를 존중하는 것을 의미한다.

02 외유내강의 행정을 만들자

　겉으로는 부드럽고 순하게 보이지만 속마음은 실제로 단단하고 강하다는 뜻의 외유내강(外柔內剛)은 행정직원들이 갖추어야 할 자세 중의 하나이다. 행정의 주요대상인 교수와 학생들에게는 한없이 부드러운 존재로서 본연의 교육과 연구 활동에 집중할 수 있도록 최선을 다해 포용하고 지원하면서도 스스로는 끊임없이 자신을 담금질하며 탄탄한 역량을 갖추어나가는 것이다.

　사람들을 만나서 현안들에 대해 논의하고 이야기를 나누다 보면 그 사람이 가진 생각과 인식의 깊이를 어느 정도는 가늠할 수가 있다. 깊이가 없는 사람의 말은 겉으로는 화려해 보이지만 실질적으로 구체적이고 핵심적인 내용이 없다. 그러나 내공이 쌓여있는 사람은 많은 말을 하지 않아도 한마디 한마디가 촌철살인처럼 현안을 꿰뚫어 보면서 상대를 압도하는 힘이 있음을 직감적으로 느낄 수 있다.

상대적으로 많은 고객을 상대하는 행정과 직원들은 때로 절차적인 문제나 규정에 근거하여 객관성과 중립성을 유지하기 위해 노력한다. 어느 한쪽에 치우치지 않고 규정과 제도에 따라 업무를 수행하고 판단하며 집행한다. 해서 때로는 절차와 규정에 아랑곳하지 않고 일방적으로 자신의 요구를 관철시키려고 하는 교수와 학생들에게 시달리기도 한다. 아무리 규정과 제도를 이야기하여도 막무가내이다.

이러한 고객들을 상대해야 하는 행정과 직원들에게 외유내강은 고객과의 갈등을 해소하는 좋은 자세이다. 고객들의 무리한 요구를 즉각 배척하고 거부하는 것이 아니라, 고객의 요구와 주장에 겉으로는 공감하고 이해하면서도 궁극적으로는 주장과 요구가 합리적이지 못함을 해박하고 탄탄한 논리로 설득하고 인식시키는 저력이다. 이를 위해서는 다양한 현안과 업무들을 끊임없이 파악하고 익히면서 자신의 역량을 단련해나가야 한다.

외유내강은 고객을 상대하는 업무에만 적용되는 것이 아니라 모든 업무와 일상에서도 필요한 자세이다. 업무를 수행하다 보면 무수히 많은 검토와 판단과 결정이 이루어진다. 그 과정에서는 어떠한 경로와 형태로든 상사와 동료, 이해 당사자들과의 논의와 논쟁이 불가피하다. 이때 중요한 것은 상대의 주장과 이야기에 공감하면서 자신에게 축적된 역량을 통해 현안을 폭넓고 깊이 있게 이해하고 분석하면서 합리적인 대안과 정책 방향을 설계하는 능력이다. 겉으로는 부드럽고 포용적이면서도 탄탄하게 쌓인 내공으로 행정의 역할을 주도적으로 이끌어나가는 것이다.

03 직원도 공동체로서 존중받아야 한다

고등교육법 제28조에서 '대학은 인격을 도야(陶冶)하고, 국가와 인류 사회의 발전에 필요한 심오한 학술이론과 그 응용방법을 가르치고 연구하며, 국가와 인류사회에 이바지함을 목적으로 한다.'라고 정의하고 있다. 그리고 같은 법 제14조에서는 교원과 직원에 대해 규정하고 있다. 이에 따라 대학은 가르치고 연구하는 교수와 학업을 수행하는 학생 그리고 이들을 지원하고 학교를 운영하는 직원의 3주체로 구성되어 있고, 기능적으로는 교육, 연구, 행정의 3분야로 이루어져 있다고 본다.

고등교육법에서 정의한 것처럼 인격을 도야하는 것은 대학의 가장 기본적인 목적이다. 인격도야는 인간에서 비교적 일관되게 나타나는 성격 및 경향과 그에 따른 독자적인 행동 경향을 의미하는 인격을 마치 질그릇을 굽고 쇠를 풀무질하듯 닦고 가다듬는다는 것이다. 이는 대학이 캠퍼스라는 물리적인 공간에서 존재하고 있기에 캠퍼스가 곧 인격을 도야하는 장소라는 의미와 맥을 같이 한다.

우리가 흔히 하는 말로 '사람 위에 사람 없고 사람 밑에 사람 없다.' 라는 표현으로 인간의 평등한 가치와 차별이 없어야 함을 이야기한다. 특히, 인격도야를 가장 기본적인 목적으로 하는 대학의 캠퍼스에서는 더욱 그러해야 한다. 그러나 일부는 이러한 인식이 부족하여 교수, 직원, 학생을 마치 계급적인 관점에서 이야기하고 행동하는 사람들이 존재한다.

학생들을 제자의 관점에 매몰되어 인격체로서 존중하지 못하는 경우가 있기도 하고, 직원들을 지원과 서비스라는 한정된 인식에서 공적인 영역과 사적인 영역을 구분하지 못하고 요구하기도 한다. 대학이라는 캠퍼스는 대부분 구성원이 성인으로서 상호 간에 마땅히 존중하고 배려하고 예우하여야 한다. 교수이기 때문에, 직원이기 때문에, 학생이기 때문이 아니라 하나의 소중한 인간이자 인격체이기 때문이다

교수, 직원, 학생은 기능과 역할에 따라 구분되는 것이고, 부여된 임무가 다를 뿐이다. 서로의 임무와 역할을 존중하고 자신의 분야에서 최선을 다해야 한다. 임무와 역할이 다름을 차별로 인식하거나 계급적인 것으로 바라보는 사고는 경계해야 한다. 행정은 마치 사람에게 피를 흐르게 해주는 혈관과 같은 역할을 하고 교육과 연구 활동을 원활하게 만들기 때문에 직원을 존중하는 것은 교수와 학생들이 본연의 임무와 역할을 성공적으로 수행하게 만드는 것이다.

04 자생적인 노력이 나와 우리의 가치를 만든다

대학사회에서 행정직원이 갖는 가치와 존재감은 그리 높지가 않다. 그렇다고 스스로 가치와 존재감을 높이기 위한 노력과 활동을 활발하게 하는 것도 아니다. 그러다 보니 때로는 타의나 내·외부의 강제적인 압력에 의해 개혁과 혁신의 대상이 되기도 한다. KAIST가 추구하는 행정 선진화는 '자기 진화형 행정생태계'로 정의한 바, 행정이 자발적이고 자생적으로 추진하는 것이다. 이 점이 행정발전을 도모했던 이전의 추진방식과는 다르고 차별화된다.

직원사회에서 어떤 일을 추진할 때 가장 힘들고 어려운 것은 무관심과 냉소주의이다. 스스로 동기부여가 약하고 서로를 격려하고 존중하고 응원하고 격려하는 긍정의 에너지를 느끼기가 쉽지 않다. 내가 받지 못하는 것은 다른 직원도 받지 못해야 한다는 네거티브 사고방식은 전체 직원사회의 발전을 견인하지 못하는 원인이 되기도 한다.

후배에게 자신의 사고와 자세를 강요하는 선배와 선배를 존중하거나 인정하지 않는 후배는 자신이 느끼지 못하는 순간에 직원의 가치와 존재를 스스로 낮게 만들어가고 있음을 인식해야 한다. 행정직원의 자존감은 누가 만들어주는 것이 아닌 너와 나 그리고 우리가 스스로 만들어가는 것이어야 한다. 선배가 후배를 존중하며 이끌어주고 후배는 선배를 존경하며 밀어주는 자세는 전체 행정과 직원의 발전을 도모하는 긍정의 에너지를 넘치게 할 것이다.

행정 선진화를 통해 행정의 전문성을 이야기하고 전문성 강화를 위해 다양한 방안을 제시하지만, 전문성을 객관적으로 측정하고 평가할 수 있는 기준과 지표를 만들기는 쉽지는 않다. 그렇다면 직원들 스스로가 행정의 전문성을 강화하면서 이를 평가하고 장려하는 방안을 모색하여야 한다. 업무의 질적 수준을 높이고 의사결정의 객관성과 정책의 실패를 최소화하기 위해 조사·연구 활동을 기반으로 하는 행정을 확대하는 것이다.

이를 위해 직원들을 중심으로 '고등교육행정학회' 또는 '대학행정학회'의 설립을 추진해볼 필요가 있다. 대학행정은 행정학에서 다루는 공공행정과 교육학에서 다루는 교육행정과는 상당히 다르다. 따라서 학회의 설립·운영을 통해 대학에서의 다양한 행정사례와 조사·연구 내용을 집중적으로 공유하고 협력한다면 대학행정의 전문성과 역량을 획기적으로 강화하고 발전시킬 수 있는 계기가 될 것이다. 이는 행정의 가치와 존재감을 높이는 것이고, 동시에 나와 우리의 가치를 만들어가는 것이다.

05 새로운 공감과 공존의 문화를 만들자

　캠퍼스라는 공간에 공존하는 교수, 직원, 학생은 상호 대립적인 존재가 아니고 갈등의 관계도 아니다. 각자의 역할에 최선을 다하고 서로를 존중하며 협력해나가는 공동체의 구성원이자 가족이다. 3주체 중 어느 하나도 없이는 대학이 존재할 수 없다. 또한, 대학은 우리 사회의 가장 지성적인 집단으로서 자유와 평등과 민주적인 가치가 보편화 되고 살아 움직이는 장소이다.

　그러나 캠퍼스의 현실은 그렇지 못하다 구성원들 간의 반목과 대립, 오해와 갈등, 불신과 편견, 무시와 폄하 등 존재할 것 같지 않은 현상들이 버젓이 존재하며 대학의 가치를 훼손한다. 때로는 오히려 다른 일반적인 조직이나 사회보다 권위적이고 계급적이며 민주적이지 못한

경우도 발생한다. 임무와 역할의 다름을 존재의 다름으로 잘못 인식하고 차별적인 사고로 상대를 대하기도 한다.

KAIST가 가장 먼저 새로운 공감과 공존의 문화를 만들어보는 것은 어떨까. 서로의 존재의미와 가치를 인정하고 존중하며, 그 가치와 의미를 더욱 경쟁력 있게 만들도록 상호 응원하고 격려하자. 상대를 비난하는 것보다 나를 성찰하고 서로의 임무와 역할에 대해 다시 생각하며 상대를 위해 나부터 무엇을 하고 있고 무엇을 해줄 수 있는지를 생각하자. 그리고 나의 가치와 상대의 가치를 넘어 국가사회에서 갖는 KAIST의 가치와 의미도 생각해보자.

구성원 간에 서로 교류하고 공감하고 함께할 수 있는 플랫폼을 생각해보자. 매년 교수와 직원들은 워크숍이나 체육행사 등을 통해 서로 얼굴을 보고 교류·공감하는 시간을 갖는다. 학생들은 동아리 활동과 학생축제 등을 통해 공통의 주제를 이야기하고 젊음을 발산하고 향유한다. 이렇게 각자의 집단에서는 교류와 공감의 플랫폼을 만들지만, 서로가 함께 참여하여 집단을 뛰어넘는 공동의 플랫폼은 만들어진 것이 없다.

이와 함께 직원사회가 '행정문화제'에 도전해 보자. 행정문화제를 통해 직원들의 다양한 취미와 여가활동을 통해 길러진 능력들을 발표하고 표출하는 것은 어떨까. 작품 전시와 발표, 행정발전을 위한 포럼과 세미나, 동아리 소개와 회원 모집, 장기자랑대회 등 여러 가지 다양한 프로그램을 기획해보자. 교수와 학생들을 초청하여 문호도 열고 함께 행사를 즐길 수 있는 축제마당을 구상해 볼 수 있을 것이다.

행정문화제가 어느 정도 기반을 잡는다면, 그다음으로 교수와 학생이 모두 함께 참여하는 'KAIST 문화제'로 확대하는 것이 바람직하다. 명실상부하게 KAIST 구성원 전체가 어울리는 새로운 공감과 공존의 축제 한마당을 만드는 것이다.

06 경쟁과 협력으로 KAIST와 행정발전을 만들자

사람으로 태어나서 사는 목적은 무엇인가. 탄생은 분명 자신의 의지가 아니지만 태어난 이상 어떠한 형태로든 치열한 생존경쟁의 삶을 살아갈 수밖에 없다. 현대인의 대부분은 다양한 형태의 조직에 소속되어 공동가치 실현을 위해 노력하고 경쟁하며 살아가야 하는 이유다.

조직 속에서 우리는 어떠한 가치를 가지고 살아가고 있고 또한, 살아가야 할까. KAIST라는 특별할 수 있는 조직에서 구성원들이 가져야 할 자세와 가치는 무엇일까. 그리고 KAIST가 경쟁해야 할 조직과 대상은 누구이며, 우리는 그들에 비해 얼마만큼의 경쟁력을 갖추고 있을까. 반문해 보면서 자신과 집단의 경쟁력과 위치에 대해 생각해보자.

KAIST의 모든 구성원은 어느 개인과 집단보다 뛰어난 자질과 역량을 토대로 세계 최고의 경쟁력을 갖추고 있고, 자긍심과 자부심도 있다. 1971년 설립 이래 부여받은 '선도, 최고, 글로벌'의 가치를 치열한 교육·연구 활동을 통해 이뤄나가고 있다. 모든 구성원이 힘들고 어려운 환경에서도 열정을 다해 노력해왔음을 인정하고 자랑스럽게 생각하고 있다.

그러나 이것만으로는 부족하다. KAIST는 그 이상의 목표를 지향하고 성취하기를 원하고 있다. 또 이런 이상과 목표가 있기에 서로가 고민하고 때로는 부대끼면서 치열한 헌신과 봉사의 격동기를 겪고 있는지 모른다. 고심과 갈등은 또 다른 발전을 위한 하나의 과정이다. 이 과정을 열린 마음으로 바라보면서 모든 것을 넘어서 '글로벌 가치 창출 선도대학'이라는 세계 최고를 향한 구성원 간 선의의 경쟁과 협력을 도모하자.

앞서 말한 것처럼 모든 구성원이 최고를 향한 자질과 역량은 충분하고도 넘친다. 이제는 너는 '너', 나는 '나'라는 이분법적인 시각을 과감하게 벗어던지자. 교수, 직원, 학생이라는 각각의 집단에서 최고가 되기 위해 서로에게 자극제가 되고 최상의 경쟁력을 갖춰나간다면, 개인과 집단이 서로를 인정하고 격려한다면, KAIST는 교육·연구와 더불어 행정생태계의 최고봉에 성큼 다가설 것이다.

우리에게는 도전해야 할 과제들이 기다리고 있기에 여기에서 지체하거나 멈출 수 없다. 그 과제는 우리가 극복하고 헤쳐나가야 할 우리의 몫이다. 그러기 위해서는 갈등을 넘어 서로를 인정하고 존중하고 격려하면서 최고를 향한 선의의 경쟁과 협력 파트너로서 함께 노력할 수 있어야 한다. 그것은 배려이자 아량이다. 우리를 둘러싼 외부환경에 KAIST의 존재와 가치를 더욱 자신 있고 자랑스럽게 만들고, 당당하게 그에 상응하는 지원과 대접을 받을 수 있어야 한다.

우리는 이미 KAIST라는 조직에 몸담는 순간부터 세계 최고를 향한 도전과제를 부여받고 있기 때문이다.

07 글로벌 행정이라야 통한다

글로벌이라는 용어는 익숙하다 못해 우리의 생활 일부분이 되어 있다. 기업들은 글로벌 시장에서 치열하게 경쟁하며 생존을 도모하고, 대학들도 세계 대학평가를 통해 순위가 매겨진다. 교수와 학생들의 논문은 학술지를 통해 세계의 모든 학자에게 공유되고 평가되면서 가치 있는 논문인지가 자연스럽게 드러난다.

KAIST가 세계적인 대학으로 도약하기 위해 국내 처음으로 강의를 100% 영어로 시도한 것이 엊그제 같은데 이제는 많은 대학과 학생이 영어강의를 자연스럽게 받아들인다. 행정에서도 문서와 공문을 한글과 영어의 이중 언어로 작성하는 것이 더 이상 낯선 풍경이 아니라 익숙한 업무의 일환이 되어 버렸다. 우리

는 글로벌 행정, 교육환경 속에서 호흡한다.

국제적인 교류와 협력을 도모하는 수준의 문턱이다. 교수와 학생들은 연구와 안식년, 교환학생 제도 등을 활용하여 다양한 형태로 세계 각국의 대학들과 교류하며 협력을 도모한다. 마땅히 해야 하는 당위적인 사항이 되어버렸다.

행정도 글로벌 행정이 되어야 한다. 세계 각국의 대학들과 교류하며 대학과 행정발전을 위한 다양한 방안들을 함께 고민하고 토론하며 경쟁과 협력을 도모해야 한다. 이러한 측면에서 2018년에 KAIST에서 개최한 '글로벌 대학행정포럼'은 상징적인 의미가 있다. 세계적인 대학들의 행정가들이 모여 행정발전을 위한 발표와 토론을 진행하는 첫 사례로 기록됐다.

앞으로 이러한 행사는 정례적으로 지속되어야 한다. 이를 통해 행정의 글로벌화가 자연스럽게 진전되고 미래에는 KAIST를 축으로 많은 대학이 참여하는 공식적인 협의체로 발전할 수 있다. 그러다 보면 세계 각국의 대학들과 상호 직원들의 교류가 자연스럽게 이루어지고 글로벌 행정의 단단한 기반도 구축될 것이다.

08 행정발전을 지속하는 체제를 만들자

이제까지 행정발전을 위해 어떻게 변화하고 혁신할 것인가를 고민하고 다양한 과제를 제시했다. 논의되고 제시된 방안들이 행정의 실질적인 변화와 혁신으로 구체화 될 수 있도록 연계시키는 과정이 숙제로 남았다. 행정 선진화가 단순한 비전 제시와 구호에 머물지 않고 '자기 진화형 행정생태계'를 현실로 구현하면서 지속 발전해 나가는 체제를 구축해야 하는 이유이다.

그러기 위해서는 제시한 과제들을 집중적으로 검토하면서 하나하나 실행해나갈 수 있도록 추진상황을 점검하고 관리하는 시스템을 갖추어야 한다. 먼저 과제와 관련된 부서와 직원 중심으로 위원회를 개편하여 실질적인 제도개선과 연계되도록 하여야 한다. 그리고 총괄적으로 주관할 수 있는 부서를 지정하고 임무를 명확하게 부여하여야 한다. 위원회를 효율적으로 운영하고 분야별로 전문성을 기반으로 실행할 수 있도록 분과별로 소위원회를 운영하는 것도 필요하다.

추진체제가 마련되면 제시된 과제 중에서 시급성과 중요성·파급성 등을 고려하여 연도별로 중점적으로 추진할 과제를 선정하는 것이 필요하다. 추진과제 선정에는 설명회와 의견조사 등을 통해 구성원의 의견을 적극적으로 수렴·반영하는 개방적인 의사결정의 과정이 중요하다. 구성원의 참여는 안정적인 제도운영과 지속 가능한 추진체제의 기반이다.

궁극적으로 행정발전을 집중적이고 전문적으로 연구할 조직이 필요하다. 현재의 조직과 업무환경으로는 체계적으로 행정발전을 고민하고 풀어나갈 수 없다. 모두가 현안에 치이고 부여된 업무에 힘겹다. 따라서 지금 상황에서 가장 적절한 대안은 '행정발전교육센터'를 '행정발전교육연구센터'로 개편하여 행정발전을 위한 교육·훈련과 연구를 전문성을 가지고 체계적으로 수행토록 하는 것이다.

행정발전교육연구센터의 인력은 일반적인 직원의 형태보다는 박사급 연구인력으로 구성하는 것이 효율적이다. 행정업무와는 다르고 일반적인 업무에서도 벗어나야 전문화가 가능하기 때문이다.

행정선진화추진위원회 명단

구분		소속/직위	성명	구분		소속/직위	성명
위원장		행정처장	김기한	부위원장		행정부장	방진섭
인사제도	분과장	인사팀장	윤준호	역량강화	분과장	창업원운영팀장	이동형
	위원	인권윤리센터부센터장 수리과학과 학적팀 기획팀 교무팀 대학원입학팀 산업디자인학과 인사팀 예산팀 인사팀	이주현 문영경 예종강 정자호 정미라 정혜영 노경옥 박정기 임지연 최환주		위원	K-School운영팀장 교무팀 글로벌리더십센터 K-School운영팀 중앙분석센터 의과학대학원 기획팀 교학기획팀 정보통신팀	양시정 송대광 박광영 이동현 김병국 김영일 권용연 서연서 구자덕
업무환경	분과장	경영전략팀장	정성훈	조직문화	분과장	총무팀장	이창준
	위원	대학정보화사업팀장 경영대학운영팀장 기계공학과행정팀 시설인력지원팀 연구관리팀 안전팀 경영대학운영팀 대학정보화사업팀 대학원입학팀 학술정보운영팀 IT개발팀	지경엽 마세영 김향미 박희서 강민성 황 원 오성지 김범준 백은정 류누리 박진우		위원	기술경영학부 기획팀장 건설및환경공학과 화학과행정팀장 총무팀 신소재공학과행정팀 인사팀	노시경 조성운 제성애 박정호 김세림 주한용 박재서

"우리의 생각을 탐색하다."

행정 선진화를 위한 직원 인식조사를 들여다보니…

> 총 150여 개의 항목으로 광범위한 내용을 망라,
> 61%의 높은 참여율

행정 선진화 추진위원회는 자기 진화형 행정생태계 구축을 위한 발전방안 마련에 참고하기 위해 지난 7월에 직원 인식조사 설문을 실시하였다.

설문은 크게 업무환경, 인사제도, 역량강화, 조직문화로 구분하고, 총 150여 개의 문항으로 구성되어 직원들의 생각을 광범위하게 파악해보고자 하였다.

정규직 직원 510명을 대상으로 7월 13일부터 20일까지 전자메일을 통해 실시한 이번 조사에서 총 311명이 응답하여 61%의 높은 참여율을 보였으며, 응답자의 자세한 특성은 〈그림 1〉과 같다.

설문지 작성에만 거의 20~30분이 소요됨에도 불구하고 이렇게 높은 참여율을 보인 것은 행정 선진화에 대한 직원들의 지대한 관심과 부서장들의 적극적인 협조가 있었기 때문으로 판단된다.

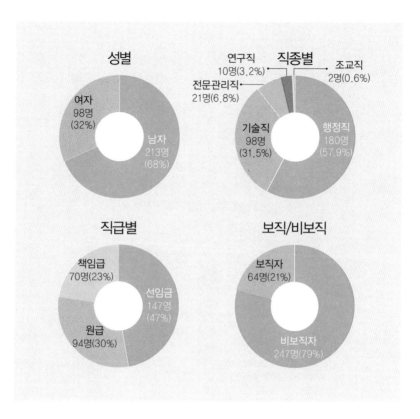

그림 1 - 응답자 특성

▌'역량강화' 만족도 높고, '인사제도' 만족도 낮아

설문조사 결과를 살펴보면 〈그림 2〉와 같이 직원 만족도[38]의 종합 점수[39]는 평균 59.2점으로 보통 수준을 보였으며 각 부문별 만족도를 살펴보면 역량강화 부분이 62.7점으로 가장 높은 반면, 인사제도 부분은 54.8점으로 가장 낮게 평가되었다.

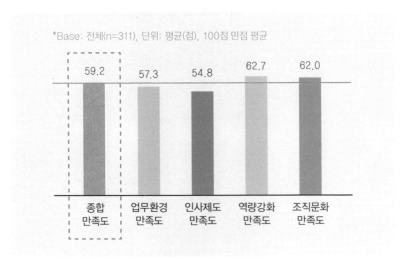

그림 2 – 종합 및 부분별 만족도

---

38) 만족도의 평균 점수를 산정하는 방식은 '전혀 그렇지 않다', '매우 불만족 한다', '매우 낮음'은 0점으로 '그렇지 않다', '불만족 한다', '낮음'은 25점으로 '보통이다', '보통'은 50점으로 '그렇다', '만족한다', '높음'은 75점으로 '매우 그렇다', '매우 만족한다', '매우 높음'은 100점으로 부여하여 산정하였다.

39) 종합 점수는 각 부분별 만족도 평균으로 산출하였다.

「CS Portfolio(IPA Importance-Performance Analysis)」[40] 분석을 실시한 결과, 〈그림 3〉과 같이 업무환경에 대한 개선이 중점개선영역에 속하여 가장 우선적으로 개선되어야 할 부분이고, 점진개선영역에는 인사제도가 지속유지영역에는 조직문화가 속해 점진적인 개선과 지속적인 점검이 필요한 것으로 평가되었다.

한편 역량강화는 유지강화영역에 해당하여 현 상태를 유지하면서 점검할 필요가 있는 것으로 나타났다.

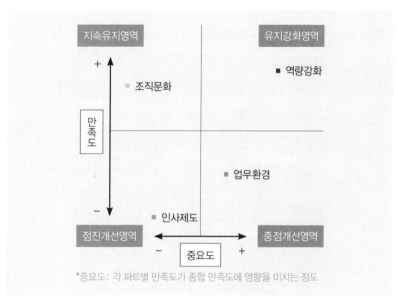

그림 3 - 종합 만족도 CS 분석

---

40) 만족도 점수와 중요도 점수를 함께 고려하여 분석하는 방법으로 중요도 대비 만족도가 낮은 요인을 발견하고 개선의 우선순위를 제시하며, 개선순위는 중점개선영역→점진개선영역→지속유지영역→유지강화영역 순위이다.

민원대응에 많은 시간 소비하고, 절차 단순화 필요성 공감

각 문항별로 보다 자세하게 살펴보면, '민원대응'과 관련해서는 〈그림 4〉와 같이 '수요자의 업무이해 부족으로 인해 민원 및 전화응대에 많은 시간을 소비한다'라는 항목에 38.3%가 '그렇다'고 응답하여 민원대응에 많은 시간을 소비하고 있는 것으로 나타났다.

그리고 '업무처리 절차가 단순화되고 잘 안내된다면 민원이 줄어들 것이다'라는 항목에서는 75.2%가 '그렇다'고 응답하여 업무처리 절차 단순화에 대한 필요성에 많은 직원들이 공감하고 있음을 알 수 있다.

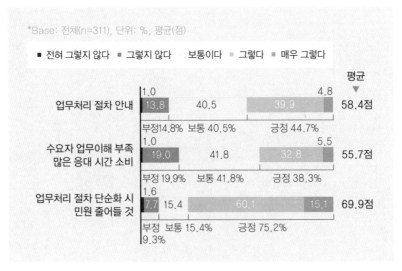

그림 4 - 민원대응에 대한 인식

▎'전산시스템'에 대한 불만 높아

'전산시스템'과 관련해서는 〈그림 5〉와 같이 '업무 전산화 계획 단계에 협업부서 의견수렴/반영', '업무 전산화 추진과정에 수요자 입장 수렴/반영', '업무 전산화 고도화로 인한 업무 혁신적 개선' 등 전산시스템 전반에 대해 부정적인 인식을 가지고 있는 것으로 나타나 앞으로 이에 대한 적극적인 개선 노력이 요구된다.

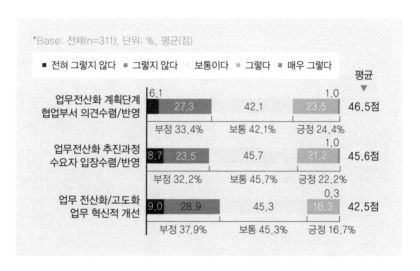

그림 5 - 전산시스템에 대한 인식

직원의 인재상은 '전문성'을 1순위로 꼽아

〈그림 6〉과 같이 'KAIST 직원의 인재상'에 대한 우선순위에서는 전문성(55%), 책임성(53.1%), 성실성(40.2%), 소통능력(37.3%), 협동성(24.4%), 배려성(21.2%) 등의 순으로 나타나 '전문성'을 가장 중요한 직원의 인재상으로 꼽았다.

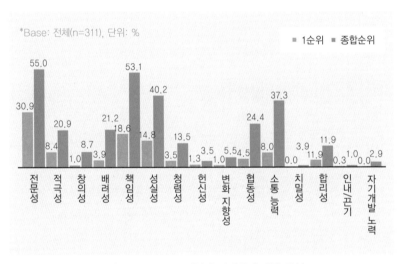

그림 6 – KAIST 직원의 인재상에 대한 인식

승진에 대한 부정적 인식 높으나 직급, 남녀 등에 따라 인식 상이

'승진'과 관련해서는 〈그림 7〉과 같이 전반적으로 긍정적 인식보다는 부정적 인식을 가지고 있는 것으로 나타났다.

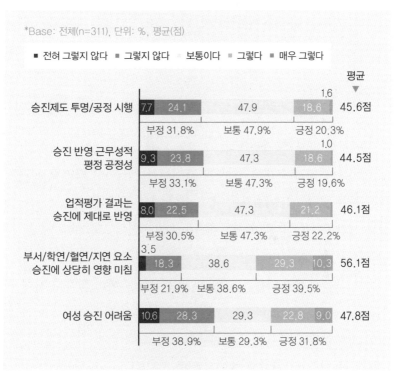

그림 7 - 승진에 대한 인식

이를 '직급'과 '보직/비보직' 등 보다 구체적으로 살펴보면 직급에 따라 인식의 격차가 상당한 것으로 나타나고 있으며, 선임급에서 부정적인 인식이 다른 직급보다 높게 나타나고 있다. 또한, 보직자와 비보직자 간에도 인식의 격차가 상당함을 알 수 있어 향후 소통 등을 통해 인식의 격차를 좁히기 위한 노력이 요구된다. 특히, '여성 승진의 어려움'에 대해서는 남녀의 인식이 극명하게 대비되는 것으로 나타나 남녀의 인식 격차를 어떻게 해소할 것인지가 중요한 과제로 대두되었다.

▌'격무부서 근무'에 대한 긍정적인 인식과 '전보 시 사전면담' 희망

'전보(순환) 제도'와 관련해서는 〈그림 8〉과 같이 '역량을 발휘할 수 있는 업무에 배치'에 대해 47.6%가 '동일부서 3년 이상 직원에 대한 전보'에 대해 52.4%가 '기술직의 상호 순환 전보'에 대해 52.1%가 긍정적으로 생각하고 있어 전보(순환) 제도에 대한 인식이 긍정적인 것으로 보여진다.

특히, 격무부서에 대해서는 38.6%가 '근무할 의향이 있다'고 하여 적극적인 자세를 가지고 있으며, 78.8%가 '격무부서 근무 직원에 대한 보상이 필요하다'는 데 공감을 나타냈다.

또한, '전보 시 사전면담 필요성'에 대해서는 80.4%가 '그렇다'고 응답하여 전보(순환) 제도에 대한 직원들의 인식을 적극적으로 반영하기 위한 제도개선이 시급함을 알 수 있다.

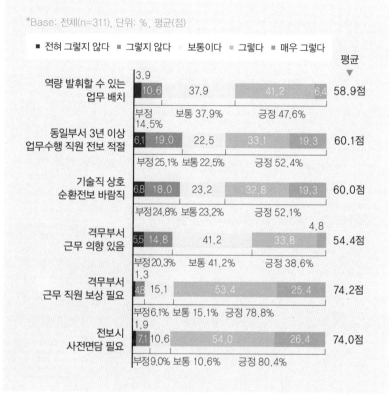

*Base: 전체(n=311), 단위: %, 평균(점)

■ 전혀 그렇지 않다 ■ 그렇지 않다   보통이다 ■ 그렇다 ■ 매우 그렇다

평균
▼

역량 발휘할 수 있는
업무 배치
3.9
10.6   37.9   41.2   6.4   58.9점
부정   보통 37.9%   긍정 47.6%
14.5%

동일부서 3년 이상
업무수행 직원 전보 적절
6.1   19.0   22.5   33.1   19.3   60.1점
부정 25.1%   보통 22.5%   긍정 52.4%

기술직 상호
순환전보 바람직
6.8   18.0   23.2   32.8   19.3   60.0점
부정 24.8%   보통 23.2%   긍정 52.1%

격무부서
근무 의향 있음
5.5   14.8   41.2   33.8   4.8   54.4점
부정 20.3%   보통 41.2%   긍정 38.6%

격무부서
근무 직원 보상 필요
1.3
4.8   15.1   53.4   25.4   74.2점
부정 6.1%   보통 15.1%   긍정 78.8%

전보시
사전면담 필요
1.9
7.1   10.6   54.0   26.4   74.0점
부정 9.0%   보통 10.6%   긍정 80.4%

그림 8 - 전보(순환) 제도에 대한 인식

'인사고과'와 관련해서는 〈그림 9〉와 같이 40.2%가 '부서장으로부터 성과에 대한 피드백'을 받고 있으며, 45.6%가 '부서장으로부터 받은 피드백이 성과 제고에 도움'이 되는 것으로 생각하고, 51.1%가 '부서장 피드백을 의무화'해야 한다는 데 공감하고 있어 직원들에 대한 부서장들의 적극적인 성과관리와 피드백이 요구된다.

또한 '업무성과가 낮은 직원들을 효과적으로 관리'하지 못하다고 인식하는 것으로 나타나 앞으로 업무성과가 낮은 직원들에 대한 효과적인 관리방안의 마련이 시급한 것으로 보인다.

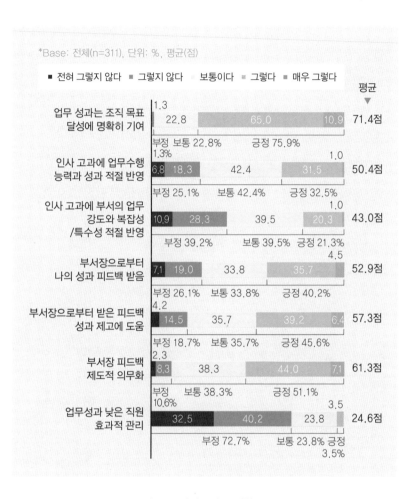

*Base: 전체(n=311), 단위: %, 평균(점)

■ 전혀 그렇지 않다 ■ 그렇지 않다 보통이다 ■ 그렇다 ■ 매우 그렇다   평균
                                                                              ▼

업무 성과는 조직 목표   1.3
달성에 명확히 기여   22.8   65.0   10.9   71.4점
                        부정 보통 22.8%   긍정 75.9%
                        1.3%
인사 고과에 업무수행   1.0
능력과 성과 적절 반영   6.8 18.3   42.4   31.5   50.4점
                      부정 25.1%   보통 42.4%   긍정 32.5%

인사 고과에 부서의 업무   1.0
강도와 복잡성   10.9   28.3   39.5   20.3   43.0점
/특수성 적절 반영   부정 39.2%   보통 39.5% 긍정 21.3%
                                                          4.5
부서장으로부터   7.1 19.0   33.8   35.7   52.9점
나의 성과 피드백 받음   부정 26.1% 보통 33.8%   긍정 40.2%
                      4.2
부서장으로부터 받은 피드백 14.5   35.7   39.2   6.4   57.3점
성과 제고에 도움   부정 18.7% 보통 35.7%   긍정 45.6%
                      2.3
부서장 피드백   8.3   38.3   44.0   7.1   61.3점
제도적 의무화   부정   보통 38.3%   긍정 51.1%
                    10.6%
                                                          3.5
업무성과 낮은 직원   32.5   40.2   23.8   24.6점
효과적 관리   부정 72.7%   보통 23.8% 긍정
                                                  3.5%

그림 9 - 인사고과에 대한 인식

▎'업무수행 역량'에 대한 자아 인식 높아

'업무수행 역량'에 대해서는 〈그림 10〉과 같이 55.9%가 '자신이 수행하고 있는 업무는 높은 역량이 요구'된다고 생각하고, 55%가 '현재 자신이 맡고 있는 직무가 자신의 역량과 일치'한다고 생각하여 업무수행 역량에 대한 자아 인식이 높음을 알 수 있다.

특히, 58.2%가 '자신의 업무수행 역량이 다른 대학의 담당자보다 우수'한 것으로 인식하고 있어 업무역량에 강한 자부심을 가진 것으로 보인다.

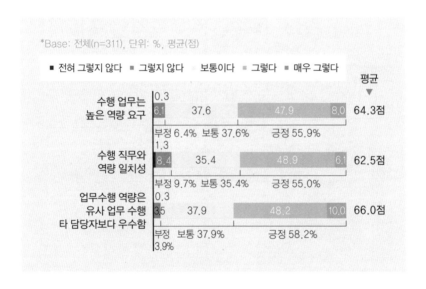

그림 10 – 업무수행 역량에 대한 인식

'전문성 신장을 위한 업무 중심형'으로
교육훈련 프로그램 전환 필요

'수강하기를 원하는 교육훈련 프로그램'과 관련해서는 〈그림 11〉과 같이 '전문성 신장을 위한 업무 중심형 프로그램'이 75%로 월등히 높아 업무 전문성 향상에 대한 교육훈련을 보다 강화할 필요가 있는 것으로 나타났다.

다음으로는 '문제해결 능력 향상 프로그램'(52.4%), '외국어 능력 향상 프로그램'(46.6%), '개인의 소양을 개발하는 프로그램'(43.4%), '정보처리 능력 향상 프로그램'(33.8%), '팀워크 등 대인관계 증진 프로그램'(29.3%), '직원 윤리/직업관 관련 프로그램'(16.4%) 등의 순으로 나타났다.

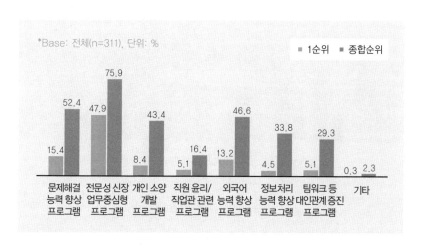

그림 11 - 수강하기를 원하는 교육 프로그램에 대한 인식

'주인의식 결여'가 조직문화를 가장 저해하는 것으로 인식

'조직문화를 저해하는 의식구조는 무엇이라고 생각'하느냐는 질문에 대해서는 〈그림 12〉와 같이 65%가 '주인의식 결여'를 1순위로 뽑아 우리 스스로가 주인의식을 충분히 갖추지 못하고 있는 것으로 생각되었다.

다음으로는 55.6%가 '적당주의'를 45.7%가 '기회주의/파벌주의'를, 35.4%가 '부서간 비협조'를, 35%가 '냉소주의'를 조직문화를 저해하는 의식구조로 인식하고 있다.

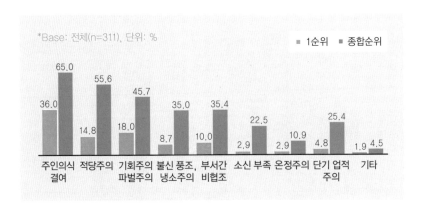

그림 12 - 조직문화를 저해하는 의식구조에 대한 인식

▌'자기효능감'을 업무수행의 주된 동기부여 요인으로 꼽아

'업무를 수행하는 데 있어 주된 동기부여 요인'과 관련해서는 〈그림 13〉과 같이 60.5%가 '업무목표를 달성했을 때'를 1순위로 꼽고, 다음으로 53.7%가 '자아 성취감을 느낄 때'를, 45.3%가 '칭찬/인정받을 때'를 꼽아 자기효능감이 업무수행의 주된 동기부여 요인이 되고 있음을 알 수 있다

반면, 30.2%가 '의사결정 권한이 주어질 때'를, 25.4%가 '동료나 상사의 지원을 받을 때'를, 25.1%가 '인센티브 받을 때'를 꼽아 상대적으로 동기부여 순위가 낮게 나타났다.

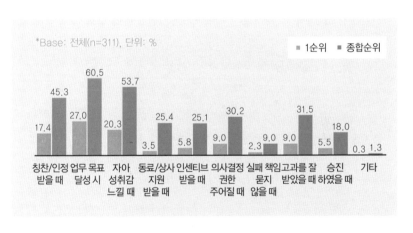

그림 13 – 업무수행 시 주된 동기부여 요인에 대한 인식

▎높은 '동료의식과 행동' 성향 보여

'동료의식 및 행동'과 관련해서는 〈그림 14〉와 같이 74%가 '결근한 동료/업무량이 많은 동료의 업무'를 돕고 있는 것으로 나타났으며, '동료들의 문제/걱정'에 대해서도 84.6%가 귀를 기울이고, 68.2%가 '동료들이 성과를 내기 위해 업무에 전념'한다고 생각하는 것으로 나타나 동료의식과 행동이 상당히 높은 성향을 가지고 있음을 알 수 있다.

이는 향후 조직문화 형성에 긍정적인 영향을 미칠 것으로 보이며, 이러한 의식과 행동을 조직과 행정발전에 접목할 수 있는 다양한 정책적인 방안들이 검토될 필요성이 있다.

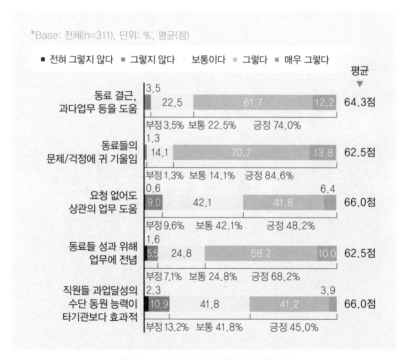

그림 14 - 동료의식 및 행동에 대한 인식

'힘든 일 의논할 동료' 4.2명,
'존경하는 상사나 동료' 3.3명, '사적 모임' 2.3개로 나타나

'직장 내 인간관계'와 관련한 문항에서 〈그림 15〉과 같이 89.7%가 '힘든 일이 있을 때 의논할 동료'가 있으며, '동료 명수'는 평균 4.2명으로 나타났다.

그리고 87.5%가 '존경하고 본받고 싶은 상사나 동료'가 있으며, '존경하는 상사나 동료 명수'는 평균 3.3명으로 조사되었다.

또한, 71.7%가 '동료들과 정기적으로 사적인 모임'을 갖고 있으며, 평균 2.3개의 모임이 있는 것으로 파악되었다.

그러나 10.3%가 '힘든 일이 있을 때 의논할 동료'가 없고, 12.5%가 '존경하고 본받고 싶은 상사나 동료'가 없는 것으로 나타나 이들에 대한 직원사회의 적극적인 배려와 포용이 필요한 것으로 보인다.

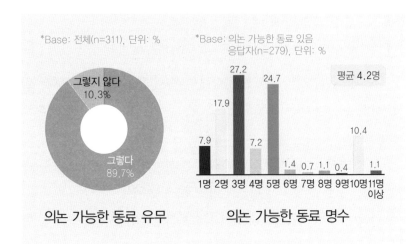

*Base: 전체(n=311), 단위: %

그렇지 않다
10.3%

그렇다
89.7%

의논 가능한 동료 유무

*Base: 의논 가능한 동료 있음
응답자(n=279), 단위: %

평균 4.2명

7.9 17.9 27.2 7.2 24.7 1.4 0.7 1.1 0.4 10.4 1.1

1명 2명 3명 4명 5명 6명 7명 8명 9명 10명 11명
이상

의논 가능한 동료 명수

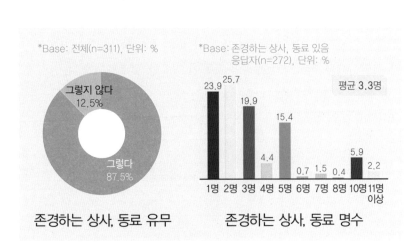

*Base: 전체(n=311), 단위: %

그렇지 않다
12.5%

그렇다
87.5%

존경하는 상사, 동료 유무

*Base: 존경하는 상사, 동료 있음
응답자(n=272), 단위: %

평균 3.3명

23.9 25.7 19.9 4.4 15.4 0.7 1.5 0.4 5.9 2.2

1명 2명 3명 4명 5명 6명 7명 8명 10명 11명
이상

존경하는 상사, 동료 명수

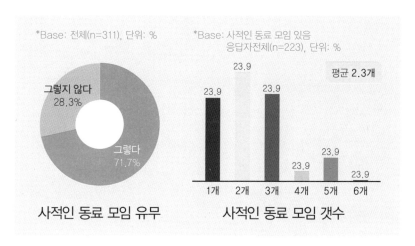

*Base: 전체(n=311), 단위: %   *Base: 사적인 동료 모임 있음
응답자전체(n=223), 단위: %

그럴지 않다
28.3%

그렇다
71.7%

23.9   23.9   23.9   23.9   23.9   23.9

평균 2.3개

1개 2개 3개 4개 5개 6개

사적인 동료 모임 유무   사적인 동료 모임 갯수

그림 15 - 직장 내 인간관계와 관련한 내용

　이번 직원 인식조사는 광범위한 문항을 통해 직원들의 다양한 인식을 파악하는 데 커다란 의미가 있었으나 과다한 설문 문항으로 일부 직원들의 경우 참여에 어려움을 느끼는 경우들이 있어 단순하면서도 핵심적인 문항으로 정비하는 것이 필요하다.

　또한, 인식조사가 일회성으로 끝나지 않고 정기적으로 실시할 수 있는 제도적인 기반을 마련하여 직원사회의 다양한 인식의 변화를 파악하고, 이를 다양한 정책에 반영하고 개선방안을 마련해가는 노력이 요구된다.